IRA GERTRUD VIETH

Das große Kreuz im Horoskop

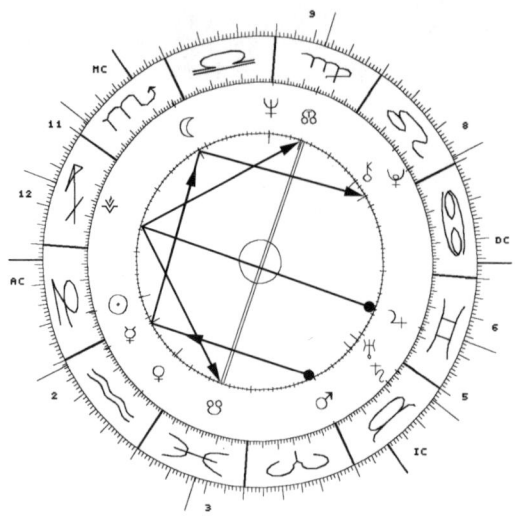

Über die Autorin: Ira Gertrud Vieth, geboren am 11. Januar 1942, 6:40 GMT in Münster. Diplom-Finanzwirtin, war bis 1969 im Steuerwesen tätig. Fünf Jahre im Vorstand des Regionalverbandes der *Deutschen Gesellschaft für das Hochbegabte Kind e. V.* 1988 legte sie die Prüfung des *Deutschen Astrologen-Verbandes* ab. Ihre Arbeitsschwerpunkte liegen neben der Erforschung des Großen Kreuzes in den Bereichen karmische Astrologie und Mundanastrologie. Sie schreibt regelmäßig Beiträge in Fachzeitschriften, gibt astrologische Kurse und ist beratend tätig.

IRA GERTRUD VIETH

Das Große Kreuz im Horoskop

Die Auslösungsdynamik von Transiten

Die Deutsche Bibliothek - CIP Einheitsaufnahme

Vieth, Ira Gertrud:
Das grosse Kreuz im Horoskop : die Auslösungsdynamik
von Transiten / Ira Gertrud Vieth. -
Dt. Erstausg. - Mössingen :
Chiron-Verl., 1995
ISBN 3-925100-18-0

Deutsche Erstausgabe
© 1995 Chiron Verlag, Mössingen
Alle Rechte vorbehalten
Umschlag: Walter Schneider
Druck: Claussen & Bosse, Leck

For Swantje

Zu beziehen durch den Buchhandel oder direkt beim:
Chiron Verlag, Postfach 1131, D-72109 Mössingen

ISBN 3-925100-18-0

Der Kreis ist das Sinnbild des Geistes. Er enthält in sich seine eigene Vollkommenheit, die ohne Ende ist. Das Viereck ist das Sinnbild für die Erde, für den Körper, die stofflichen Dinge. Der Kreis im Viereck ist der Körper im sich offenbarenden Geist.

Moyra Caldecott

Inhalt

Vorwort 9

Teil I

Einleitung 15
  1. Die beteiligten Planeten 23
  2. Die Reihenfolge, in der die beteiligten Planeten transitiert werden 23
  3. Die dynamische Qualität des Großes Kreuzes 24
  4. Die Häuser, in denen das Große Kreuz steht 24
Die Wirkungsweise eines Großen Kreuzes 25
Häufigkeit 35

Teil II

Das Große Kreuz in den kardinalen Zeichen 41
Das Große Kreuz in den fixierten Zeichen 57
Das Große Kreuz in den veränderlichen Zeichen 82
Das Große Kreuz mit persönlichen Planeten 104
Das Große Kreuz mit der Mondknotenachse 119

Teil III

Deutungsprinzipien des Großen Kreuzes 133
Die kardinalen Häuser 136
  Die Achse 1/7 136   Die Achse 4/10 137
Die fixierten Häuser 147
  Die Achse 2/8 147   Die Achse 5/11 148
Die veränderlichen Häuser 159
  Die Achse 3/9 159   Die Achse 6/12 162
Gemischte Häuserkreuze 175
Zusammenfassung 177
Anhang: Auswertung 181

Vorwort

Hätte ich nicht selbst ein Großes Kreuz im Horoskop, wäre dieses Buch sicherlich nie geschrieben worden.
Vor 15 Jahren ließ ich mir bei einer Astrologin mein Horoskop ausrechnen. Noch hatte der Computer nicht Einzug in jedes Kinderzimmer gehalten. Die Astrologin meinte zwar, ich sollte lieber persönlich zur Beratung kommen, aber ich hielt mich für gut genug, mein Horoskop selber deuten zu können. So bekam ich eine Zeichnung mit roten und grünen Aspektlinien und dem schlichten Hinweis, daß grüne Linien harmonische Verbindungen anzeigen würden und daß rote Linien problematisch seien. In der Zeichnung sah ich aber fast nur rot und zu meinem großen Schrecken bildeten vier der roten Linien ein durchlaufendes Quadrat.
Im *Handbuch der Astrologie* von Herbert A. Löhlein schlugen meine Freundin und ich nach, was die einzelnen Aspektverbindungen zu bedeuten hatten. Was bei der Deutung jedes Aspektes für sich gesehen herauskam, war schon schlimm genug. Aber über die Interpretation des durchlaufenden Quadrates schwieg sich dieses Buch aus. Also mußte ich mir ein besseres Buch kaufen. Sie ahnen sicher schon, wie die Sache ausging: heute habe ich ein ganzes Regal voll mit astrologischen Büchern und die Prüfung des Deutschen Astrologen-Verbandes (DAV) in der Tasche.
Was ich über dieses Große Kreuz in den Astrologie-Büchern gelesen hatte, glich einem Horrortrip. Erst das Buch *Die Astroskriptanalyse* von Roland Jakubowitz[1] half mir, die Wirkungsweise (m)eines Großen Kreuzes richtig zu verstehen, wofür ich mich an dieser Stelle herzlich bei ihm bedanken möchte.

1 Roland Jakubowitz. *Die Astroskriptanalyse*. (Bern: Astromentalis Verlag, 1991).

Mit dieser Untersuchung wollte ich nicht nur nachprüfen, in wieweit frühere Aussagen über das Große Kreuz haltbar sind, sondern auch aufzeigen, wie es tatsächlich wirkt und worauf man im Umgang mit ihm achten sollte.

Als ich mit der Arbeit an diesem Buch begann, standen mir lediglich der *Astro-Digest*[2], der *Astro*Carto*Graphy-Atlas*[3], die zwei Bände *Berühmte Persönlichkeiten*[4], die Politiker-Daten aus *Astrologische Zukunftsdeutung*[5], (die aber den Nachteil haben, daß bei ihnen nicht die exakte Zeitzone angegeben ist), *Das Buch der Welthoroskope*[6] und die Daten der Datenbank des Deutschen Astrologen-Verbandes (DAV) zur Verfügung. Da aber die Datenbank nicht nach Horoskopmerkmalen geordnet ist, blieb mir nichts anderes übrig, als mir Horoskop um Horoskop auf den Bildschirm zu holen und auszuwerten. So habe ich im ersten Durchgang rund 1.600 Horoskope in den Computer eingegeben und ausgewertet. Trotzdem war die Ausbeute noch nicht zufriedenstellend.

Angeregt durch den Artikel »Souveränes Litauen – Vorreiter für die baltischen Staaten?« von Dr. Baldur Ebertin[7] begann ich mit einem Kapitel über Staatshoroskope, dem ein weiteres über Könige und Politiker folgen sollte. Danach, so schwebte mir zunächst vor, sollten Kapitel über Künstler, Wissenschaftler, Sportler und Leidende folgen. Aber kaum hatte ich die ersten beiden Kapitel erarbeitet, erschien das *Internationale Horoskope-Lexikon*[8], das mir

---

2 Hans Specht. *Astro-Digest*. (Freiburg: Ebertin Verlag, 1987).
3 Jim Lewis und Ariel Guttman. *Astro*Carto*Graphy*Atlas*. (Wettswil: Edition Astrodata, 1990).
4 *Berühmte Persönlichkeiten*. Bd. 1: 100 zeitgenössische Filmschauspieler und Filmschauspielerinnen. Bd. 2: 100 Regisseure und klassische Filmschauspieler und Filmschauspielerinnen. (Wettswil: Edition Astrodata, 1989).
5 André Barbault. *Astrologische Zukunftsdeutung - Die Transite*. (Zürich: M & T Edition Astroterra, 1987).
6 Nicholas Campion. *Das Buch der Welthoroskope* (Wettswil: Edition Astrodata, 1991).
7 Meridian 3/1990.
8 Hans-Hinrich Taeger (Ed.). *Internationales Horoskope-Lexikon: 6000 Horoskope des Taeger Archivs*. (Freiburg: Hermann Bauer Verlag, 1991/1992).

endlich zu einer statistisch relevanten Datenfülle von 5.632 Daten – und weiterer zeitaufwendiger Arbeit – verhalf. Jetzt konnte ich ein ganz anderes, viel besseres Buch schreiben! Ich kann Hans Hinrich Taeger gar nicht genug für dieses Lexikon danken, wenn ich auch bei meinen Untersuchungen wegen der vielen Arbeit eine regelrechte Haßliebe zu diesen Büchern entwickelt habe, besonders bei den Recherchen zu dem Kapitel über die Häuser, wo ich noch einmal rund 400 Horoskope einzeln auf den Bildschirm holen und auswerten mußte. Ich habe das *Internationale Horoskope-Lexikon* (im weitern Verlauf des Buches mit IHL abgekürzt) fast immer als Quelle benutzt, so daß Angaben über die Datenquelle nur dann noch gemacht wurden, wenn sie **nicht** aus dem IHL stammen.

Wenn Sie mich jetzt fragen, wie ich mich trotz eines Großen Kreuzes zu einem so umfangreichen Unternehmen wie das Schreiben eines Buches aufraffen konnte, kann ich nur die folgende Antwort geben: der Entschluß, eines Tages dieses Buch zu schreiben, stand schon lange fest. Ich hatte mir auch so ungefähr den Sommer 1991 als Beginn vorgestellt, wenn alle Leute in Urlaub sind. Am 6. Juli 1991 raffte ich mich morgens um 11:20 Uhr bei 32° im Schatten auf, wenigstens schon einmal die Einleitung zu schreiben. Bei solchen Entschlüssen sehe ich nie vorher in die Ephemeriden, sondern erst hinterher. Und siehe da, der Transit-Mond stand auf die Bogenminute genau auf meinem sonst nur schwer zu aktivierenden Mars, der Transit-Saturn lief retrograd auf meinen Merkur zu (Orbis ca. 2°) und der Transit-Merkur hatte die Opposition zu meinem Radix-Merkur um 1° überschritten, stand bogenminutengenau im Quadrat zu meinem Mond und lief nun auf die Konjunktion mit meinem Pluto (Orbis 1°) zu. Somit waren alle vier Ecken meines Großen Kreuzes aktiviert. Außerdem stand der Transit-Aszendent in Konjunktion mit meinem aufsteigenden Mondknoten in der Jungfrau im 9. Haus und das Transit-MC in Konjunktion mit meinem Zwillinge-Jupiter im 6. Haus, was in beiden Fällen auf die viele Arbeit hindeutete, die zu bewältigen war, letztlich aber einen guten Ausgang versprach. Konnte es einen besseren Zeitpunkt für den Beginn eines solchen Unternehmens geben?

Aber die Arbeit an diesem Buch hat mir auch geholfen, die wohl schwierigsten Transite in meinem Leben zu überstehen (Transit-Pluto Sextil Sonne, Quadrat Venus, Opposition Saturn sowie Saturn Opposition Pluto zur gleichen Zeit, ohne Erholungspause gefolgt von Neptun und Uranus auf meiner Sonne, parallel dazu der laufende Saturn auf meiner Venus und Pluto in Opposition zu Uranus), während ein am gleichen Tag geborener »kosmischer Zwilling« von mir während dieser Transite gestorben ist.

Das Buch ist in drei Teile gegliedert:
In Teil I wird die Problematik und die Wirkungsweise des Großen Kreuzes beschrieben.
In Teil II werden die Ergebnisse meiner Untersuchungen vorgestellt.
In Teil III wird die Wirkungsweise des Großen Kreuzes entsprechend der Reihenfolge der betroffenen Häuser im Einzelnen beschrieben.
So können auch Leser, die vielleicht mit Teil II überfordert sind oder die nicht so tief in die Problematik einsteigen wollen, das Buch als praktische Anleitung benutzen, indem sie nur Teil I, die Zusammenfassung und die jeweils für sie in Frage kommenden Abschnitte von Teil III zu Rate ziehen.
Da bei manchen der in Teil III dargestellten Kombinationen nicht genügend Fälle für eine Beschreibung vorlagen, blieb mir oft nichts anderes übrig, als darüber zu spekulieren, welchen Ausdruck diese Variation finden könnte. Ich wäre daher sehr dankbar, wenn mir Betroffene oder Kollegen ihr Beispiel oder ihre Fälle zusammen mit einer Schilderung der Ausdrucksform, die dafür gefunden wurde, zukommen lassen würden.
Zum Schluß möchte ich die Leser dieses Buches auffordern, mir für meine weitere Forschungsarbeit ihre Erfahrung mit dem Großen Kreuz zu schildern und an folgende Anschrift zu schicken:

Ira Gertrud Vieth,
Am Ostbahnhof 28,
D-40878 Ratingen

Teil I

Einleitung

Wir sprechen von einem Großem Kreuz, wenn die Planeten von zwei Oppositionen Quadrate zueinander bilden. Es stehen also vier Planeten über Kreuz und formen ein gleichseitiges Viereck im Kreis. In den meisten Fällen stehen die Oppositions-Planeten in einem Zeichen, das dieselbe Qualität ausdrückt. Es wird auch »verspanntes Kreuz«, »wunderliches Kreuz«, »Quadrat-Viereck«, »Karmaquadrat« oder »durchlaufendes Quadrat« genannt. Ich bevorzuge jedoch den Ausdruck *Großes Kreuz,* denn ganz ähnlich spricht man ja auch bei einer Konstellation aus drei zusammenhängenden Trigonen vom Großen Trigon.

Sind die vier Ecken eines Großen Kreuzes mit Planeten besetzt, so ist uns sofort klar, daß es sich um ein Großes Kreuz handeln muß. Aber was ist, wenn an ein oder zwei Ecken dieser Aspektfigur der Aszendent und/oder das Medium Coeli steht? Wie wir wissen, handelt es sich beim Achsenkreuz um Positionsbestimmungen, nämlich um den Aufgangspunkt *Aszendent* (Osten), die Himmelsmitte *Medium Coeli* (Süden), den Untergangspunkt *Deszendent* (Westen) und den tiefsten Punkt des Himmels *Imum Coeli* (Norden).[9] Wie bei einer Windrose bilden sie auf natürliche Weise ein Kreuz, das sich wegen der Neigung der Erdachse aber nur dann als solches zeigt, wenn das MC auf 0° Krebs oder Steinbock und der Aszendent auf 0° Waage oder Widder steht.

---

9 Daß wir bei einem Horoskop die sich gegenüberliegenden Himmelsrichtungen genau anders herum einzeichnen wie auf der Landkarte, könnte seinen Grund in einer Änderung der Himmelsrichtungen bei früheren kosmischen Katastrophen haben. Siehe hierzu: H. J. Andersen *Polsprung und Sintflut* (Fürth: Verlag Wilhelm Moestel, 1977) p.32f.

Die Achsen des Horoskops dienen also der Positionsbestimmung. Folglich geht das statische Modell der traditionellen Astrologie davon aus, daß die Kardinalpunkte keine Aspekte aussenden, sondern diese nur empfangen können. Diese Auffassung ist mittlerweile aber überholt. Die Erfahrung hat gezeigt, daß Ereignisse in der Regel dann ausgelöst werden, wenn der Tages-Aszendent oder das Tages-MC eine bestimmte Position im Horoskop aktivieren. Sie »senden« also sehr wohl Aspekte aus.

Ergibt sich ein Großes Kreuz nur unter Einbeziehung einer Hauptachse, muß der Fall dennoch einer genauen Prüfung unterzogen werden. Steht ein Planet allein auf einer Achse und im Quadrat zu zwei anderen Faktoren, ist das Große Kreuz nur dann gegeben, wenn die Achse durch Quadrat in die Aspektfigur einbezogen ist (z.B. Mars 29° Fische Quadrat MC 30° Zwillinge Quadrat Venus 0° Waage Quadrat Uranus auf 1° Steinbock).

Stünde Mars dagegen auf 29° Fische, Opposition Venus auf 30° Jungfrau, Quadrat Uranus auf 0° Steinbock, Opposition MC auf 1° Krebs, so hätten wir es lediglich mit einen T-Quadrat zu tun, da Uranus hier durch seine Position am IC definiert wird.

Da die ganz genaue Geburtsminute ja meistens nicht bekannt ist, ist es auch kaum möglich, die genaue Position der Achsenpunkte zu garantieren. Deshalb habe ich T-Quadrate, die nur unter Einbeziehung der Achsen zu einem Großen Kreuz vervollständigt werden würden, bei der Besprechung von Horoskopen nicht berücksichtigt.

Anders verhält es sich bei den Mondknoten, denn ihre Position liegt fest (sieht man einmal davon ab, ob jemand den wahren oder den mittleren Mondknoten bevorzugt). Der Unterschied bei einem Großen Kreuz mit der Mondknotenachse liegt darin, daß immer beide Pole gleichzeitig angesprochen werden und bei ihrer Aktivierung einem Menschen die Aufgabe stellen, sich für den absteigenden oder den aufsteigenden Mondknoten zu entscheiden.

Wie schon gesagt, vieles, was über das Große Kreuz geschrieben wurde, läßt zu wünschen übrig. Während ältere Astrologen sich nicht scheuen, vernichtende Aussagen über Geborene mit dieser Konfiguration im Horoskop zu fällen, scheint man ihr heute auch gute Seiten abzugewinnen. Aber ganz allgemein bleibt der Eindruck, daß sich die meisten Astrologen am liebsten um dieses schwierige Thema herumdrücken möchten. Hier einige Kostproben bekannter Astrologen über das Große Kreuz:

Dr. Walter A. Koch schrieb dazu: *Man nennt daher dieses vollständige Quadrat-Viereck auch das »Kreuz« im Kosmogramm. Es ist nicht allzu häufig, da es **zu frühem Tod führt**, wenn nicht andere günstige Stellungen dem entgegenwirken. Es hat einen tragischen Akzent, und musikalisch gesehen, besteht es aus Dissonanzen, während das aus zwei Quadraten und einer Opposition bestehende Dreiviertel-Kreuz oder Tau-Kreuz (nach der Form des griechischlateinischen T oder Tau genannt) mit der Tonfolge der reinen Stimmung c-e-g verglichen werden kann und also meist einer kämpferischen Fanfare gleicht, die Spannung, Kampf und Wunden bringt. Exakte Quadrat-Vierecke kommen daher kaum vor, da ihre übergroße Spannung Lebensunfähigkeit hervorrufen würde. Bei den in Horoskopen bedeutender Menschen vorkommenden Quadrat-Figuren findet man daher meist gestaffelte Quadrate, d.h. solche mit Gradzahlen, die nach Art einer Staffel ansteigen. ...*

Das Quadrat-Viereck ist das typische Unglückssymbol der schicksalsgequälten Menschen, die eine schwere Last zu tragen haben, nämlich »ihr Kreuz«, und die oft bedauern, geboren worden zu sein. Bei diesen disharmonischen Winkeln ist es so, daß verschiedene Kräfte aus verschiedener Grundstellung heraus sich gegenseitig aufpeitschen und dadurch zu Übersteigerungen ohne Maß und Fug treiben, oder aber so, daß sie sich gegenseitig sperren, hindern und stören.[10]

An anderer Stelle bemerkt Dr. Koch: *Die extreme Endform des Rechtecks ist das Quadrat. Astrologisch besteht das Quadrat aus vier übers Kreuz stehenden Planeten. Es ist »Das Kreuz« in der Astrologie. In sich verbindet es höchstes Ebenmaß mit größtem Zwang, härtesten Druck mit stärkster Spannung, es kommt ebenso in Horoskopen von großen Künstlern, gefeierten Schauspielern, Dichtern und Mystikern vor wie bei Verbrechern, Unglücksmenschen und Totgeburten.*[11]

Thomas Ring äußert sich wie folgt: *Stehen sie (die Achsen) quer*

---

10 Dr. Walter A. Koch, *Gesammelte Aufsätze: Gestalthoroskopie* (Bietigheim: Rohm Verlag, 1988) p. 36f. Hervorhebung durch die Autorin.
11 ebenda p.78.

zueinander, im dissonanten rechten Winkel, so entsteht das durchlaufende Quadrat, worin jeder Eckpunkt zum anderen im Verhältnis der Sperrigkeit und relativen Unvereinbarkeit liegt. Diese, anderenorts »verspanntes Kreuz« genannte vollständig besetzte Figur ist eine harte Charakterprobe.[12]

Er beschreibt auch die mögliche positive Bedeutung dieses Kreuzes: *Vielmehr bietet sich durch die Klarheit überkreuzter Achsenrichtungen der beiden Oppositionen einem starken Geist die Handhabe,* **enorme Unterschiede** *zu vereinen (im Original hervorgehoben).*[13]

Bernd A. Mertz teilte mir in einem Brief mit: *Horoskopeignerinnen mit einem wunderlichen Kreuz (nach Kepler) leben meist ausgefüllt und lang, denn sie besitzen damit ja auch vier Leistungsdreiecke.*

Jede astrologische Schule vertritt eine andere Lehrmeinung. Will man z.B. ein rundes Papierdeckchen mit einem Lochmuster versehen, muß man vorher das Papier drei oder viermal falten, um hinterher beim Auseinanderfalten das Muster in allen Teilen des Kreises vorzufinden. Vergleichbar hiermit werden bei der Hamburger Schule alle Planeten bzw. Halbsummen, die bei einer Teilung des Kreises durch 2 (180°), durch 4 (90°), durch 8 (45°) und durch 16 (22,5°) auf einer entsprechenden Achse stehen, bei der Deutung wie Konjunktionen behandelt, was schon in der Schreibweise durch ein Gleichheitszeichen zum Ausdruck kommt. Unterschiede zwischen Konjunktion, Opposition und Quadrat werden nicht gemacht, und anderen Teilungen des Kreises, z.B. durch 3 (Trigone und Sextile) oder gar durch 5 (Quintile) wird jede Wirksamkeit abgesprochen.

Die Bandbreite der Auffassungen zum Großen Kreuz spannt sich also von vernichtend bis segensreich, wobei »der Segen« von manchen Autoren hauptsächlich in der »großen Lernerfahrung« gesehen wird. Ob das Große Kreuz nun für den Geborenen eher einen Fluch oder einen Segen darstellt, oder ob die Wahrheit, wie so oft, irgendwo dazwischen liegt, dies soll mit der vorliegenden Arbeit untersucht werden.

---

12 Thomas Ring, *Astrologische Menschenkunde Bd. 3, Kombinationslehre* (Freiburg: Hermann Bauer Verlag, 1981) p.395.
13 ebenda p. 396

Dazu aber vorweg einige grundsätzliche Überlegungen: Hat ein Geborener sieben Planeten in einem Zeichen stehen, wie dies zum Beispiel im Januar 1991 vorgekommen ist, dann kann dieser Mensch gar nicht anders, als sich zu einem archetypischen Steinbock entwickeln. Je mehr Zeichen aber in einem Horoskop besetzt sind, umso vielseitiger ist der Betreffende angelegt und desto vieldeutiger und damit unberechenbarer wird er für seine Umwelt. Diese wird aber nur *jene* Seiten mit Anerkennung belohnen, die in ihr Bild passen. Als Reaktion darauf wird der Horoskopeigner vermutlich auch die durch Anerkennung honorierten Potentiale stärker entwickeln.

Sind in einem Horoskop aber gegenüberliegende Zeichen besetzt, dann muß der Geborene gegensätzliche Eigenschaften wie hell und dunkel zum Ausdruck bringen. Soweit sind sich die verschiedenen astrologischen Schulen ja noch einig.

Wie verhält es sich nun aber mit dem Quadrat? Handelt es sich hier wirklich nur um bessere Konjunktionen, wie von der Hamburger Schule angenommen wird? Schon der Sprachgebrauch spricht dagegen. Wenn wir ausdrücken wollen, daß uns jemand massiv stört oder behindert, sagen wir, daß er uns »in die Quere« kommt. Solche Menschen nennen wir dann »Quer-Treiber«, »Quer- Köpfe«, »Quer-Denker« oder »Queru-lanten«.

In Experimenten mit seinen Schülern hat Stefan Bischof nachgewiesen, daß zwei Partner, die sich längere Zeit frontal gegenüberstehen (was einer Opposition entspricht), folgende grundlegenden Prinzipien erfuhren: »Spannung, Abstand halten, den anderen und seine Reaktionen immer sehen können, auf jede Bewegung reagieren müssen; energiereich, wachmachend, anstrengend, tonuserhöhend; läßt einen nicht in Ruhe, sich stellen, sich zeigen, »Spiegelung«, genau hinschauen ...« Die Opposition entspricht also dem Prinzip der *Begegnung* und/oder *Konfrontation* und erzeugt eher positiven Streß.

Stellten sich die zwei Partner aber wie in einem Quadrat zueinander und durften dabei nur geradeaus blicken, erfuhren sie dabei folgende Prinzipien: »unruhigmachend, störend, aufwühlend, durcheinanderbringend, verunsichernd, kein direkter Kontakt, wahrnehmen, aber nicht fassen können, aggressiv, mißtrauisch, lähmend, hoher Energieumsatz, bewegt, gibt Antrieb...« Das Quadrat entspricht daher dem Prinzip der *Störung* und erzeugt eher negativen Streß.[14]

Es gibt aber auch eine physikalische Begründung. In seinem Buch *Die Astrologie im heutigen Weltbild* wies Dr. Walter Lang nach, daß Schwingungen, die auf eine Kugel wie unsere Erde einwirken, nur an jeweils 8 Stellen Resonanzen erzeugen können, nämlich auf 0°, 60°, 90°, 120°, 180°, 240°, 270° und 300°, also auf den Winkelorten der *klassischen* Aspekte. Aufgrund der fundamentalen Bedeutung möchte ich seine weiteren Ausführungen hier wörtlich zitieren:

Trigon und Sextil: Beide Partner fügen sich der Perisphärenschwingung ein. Die am Magnetlinienaufbau beteiligten Punkte lassen eine Sechseck-Schwingung erkennen, wobei zum Trigon (stärkere Wirkung) 5, zum Sextil 4 besetzte Punkte gehören.

Quadrat: Die Schwingungen bis zum Mittelpunkt ergeben keine symmetrische Figur. Erst, wenn jede Kraftlinie durch den Partner geht, wird das Bild symmetrisch. Diese Vierer-Schwingung ist stark, aber exzentrisch; der Bereich der Eigenschwingung wird überschritten und gestört.

Opposition: Hier gibt es zwei Lösungen: eine Sechser- und eine Vierer-Schwingung. A) Die Sechser-Schwingung ist stark – alle Punkte sind besetzt – aber kein Punkt doppelt wie beim Sextil oder Trigon oder Quadrat. Der Mittelpunkt wird nicht überschritten. B) Die Vierer-Schwingung ist stärker. Beide Kraftlinien zusammen ergeben die zusätzlichen Schwingungspunkte, aber die Figur ist exzentrisch wie beim Quadrat. Wir können jetzt erkennen, weshalb die Aspekte unterschiedlich wirken. 1. Bleibt die Planetenkraftlinie im Bereich der zugehörigen Tierkreis-Schwingung, fügt sie sich harmonisch in den Grundrhythmus ein. 2. Wird der Mittelpunkt überschritten, kommt es zu Störungen zwischen den Planetenkraftlinien und der Eigenschwingung des Tierkreises. 3. Die Opposition ist der einzige Aspekt – neben der Konjunktion –, der doppeldeutig ist.

Die Opposition mußte in der Zeichnung doppelt erscheinen, andernfalls wäre unsere Methode falsch gewesen. Fallen kritische Aspekte von anderen Planeten auf die Opposition (Quadrate!), so

---

14 Stefan Bischof. „Beziehungsqualitäten - Die astrologischen Aspekte". *Meridian 1/93*, p.16f.

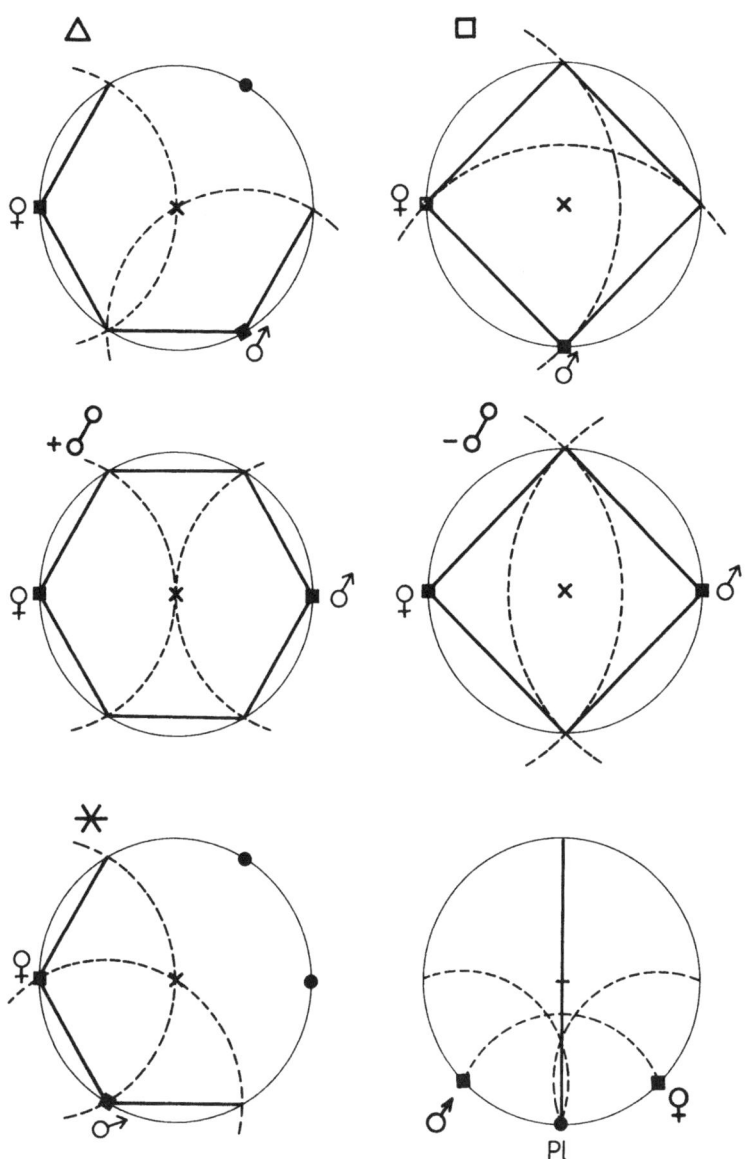

Abb. 1: Aspekte und Winkelorte

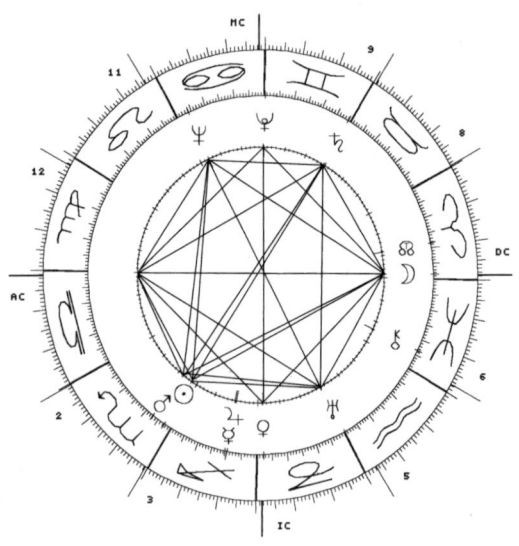

Abb. 2: Otto von Habsburg

wird durch sie zwangsläufig die Vierer-Schwingung eingeleitet. Hierauf beruht auch die sehr ungünstige Wirkung des offenen oder gar geschlossenen Kreuzes. Wird andererseits eine Opposition von Sextilen und Trigonen zusätzlich getroffen, dann kann in vielen Fällen die Sechser-Schwingung erzwungen werden und die Opposition wirkt sogar stark harmonisch.[15]

Bei dem außergewöhnlichen Horoskop von Dr. Otto Habsburg mit einem sechszackigen Stern, in dem ein Großes Kreuz eingebettet ist, herrscht also die Sechser-Schwingung und somit die harmonische Wirkung vor. Ein solches Geburtsbild kann man daher auch nicht zu den echten Kreuzhoroskopen rechnen. (Abb. 2)

Hat ein Geborener ein Großes Kreuz in seinem Horoskop, dann muß er zweifellos ein Höchstmaß an widerstreitenden Kräften in Einklang bringen. Aber er verfügt auf der anderen Seite auch über ein größeres Potential zur Ganzheit. Die Schwierigkeit liegt nun

---

15 Walter Lang, *Die Astrologie im heutigen Weltbild*. (Heidelberg: Arkana Verlag, 1986) p. 170ff

aber fraglos darin, das Vorhandene zum Ausdruck zu bringen und harmonisch in die Persönlichkeit zu integrieren.

Es kann also nicht darum gehen, zu fragen, ob ein Großes Kreuz eher gute oder schlechte Auswirkungen bringt. Der richtige Weg wäre eher, zu beleuchten, warum der eine mit dieser Konstellation erfolgreich ist, ein anderer aber daran scheitert. Welche Faktoren begünstigen nun den erfolgreichen Umgang mit dem Großen Kreuz?

1. Die beteiligten Planeten

Ein Großes Kreuz, an dem *nur persönliche* Planeten beteiligt sind, gibt es nicht. Da Merkur und Venus nie mehr als zwei Zeichen von der Sonne entfernt sein können, kann sich höchstens ein T-Quadrat aus den persönlichen Planeten Sonne, Mond, Mars und/oder Merkur bzw. Venus bilden. Um ein Großes Kreuz zu vervollständigen, muß demnach immer ein gesellschaftlicher oder kollektiver Planet hinzukommen. Dieser Planet ist dann auch derjenige kosmische Faktor, an dem sich das Individuum reibt. Ein Mensch, der sich selbst ausschließlich mit seinen höchstpersönlichen Eigenschaften im Wege steht, ist nicht vorstellbar.

Ein Großes Kreuz, das sich ausschließlich aus kollektiven oder gesellschaftlichen Planeten zusammensetzt, ist zwar denkbar, hat aber kaum Auswirkungen auf das Individuum, wenn dieses nicht durch einen persönlichen Planeten in das kollektive Geschehen eingebunden wird.

2. Die Reihenfolge, in der die beteiligten Planeten transitiert werden

Es ist leicht einzusehen, daß es einen Unterschied macht, ob am Ende eines Großen Kreuzes Jupiter oder Saturn steht.[16] Demjenigen, der Saturn am Ende stehen hat, wird sich einprägen, daß alles

---

16 Das Prinzip der Auslösungsdynamik wird im folgenden Kapitel eingehend beschrieben.

Kämpfen letztlich doch vergebens ist, und früher oder später wird er den Kampf aufgeben. Derjenige, bei dem Jupiter den Abschluß bildet, wird sich unverdrossen von einer Aktion in die nächste stürzen, weil zum Schluß der Erfolg winkt.

Ferner macht es einen großen Unterschied, ob in der Abfolge der Auslösung auf eine Opposition ein Quadrat und dann wieder eine Opposition folgt, oder ob einem Quadrat eine Opposition und danach wieder ein Quadrat folgt oder ob gar Quadrat auf Quadrat auf Quadrat folgt, was zweifellos am frustrierendsten wirkt.

3. Die dynamische Qualität des Großes Kreuzes

Die Art und Weise, wie ein Großes Kreuz bewältigt wird, hängt ferner davon ab, ob es in den kardinalen, fixierten oder veränderlichen Zeichen steht oder in einem gemischten Kreuz.

4. Die Häuser, in denen das Große Kreuz steht.

Auch hier gibt es Unterschiede, je nachdem, ob das Große Kreuz in den Häusern 1-4-7-10, 2-5-8-11, 3-6-9-12 oder in einem gemischten Häuserkreuz steht.

Die Wirkungsweise eines Großen Kreuzes

Die Schwierigkeiten der Astrologie mit einem Großen Kreuz lagen bisher vor allem darin, daß dieses – wie auch alle anderen Aspektfiguren – *statisch* gedeutet wurde.

Hierzu ein Beispiel: eine Opposition ist durch ein Sextil bzw. ein Trigon mit einem dritten Planeten verbunden. Diesem »Dritten im Bunde« sagte man eine entspannende Wirkung in dem Sinne nach, daß er die Konfrontation der beiden in Opposition stehenden Planeten aufzulösen hilft.

Bei einem T-Quadrat meinte man, daß die beiden äußeren Planeten auf den mittleren Planeten im Brennpunkt »zielten« und Druck auf ihn ausübten. Solch eine Figur nannte man Leistungsdreieck aufgrund der Annahme, der mittlere Planet würde anzeigen, was jewails zu leisten sei. Im Sinne der Halbsummendeutung hat diese Ansicht ja durchaus ihre Berechtigung.

Diese Betrachtungsweise stieß jedoch bei dem Großen Kreuz, das ja im Grunde genommen aus vier Leistungsdreiecken besteht, an ihre Grenzen. Denn bei der statischen Erklärung war kein Anfang und kein Ende auszumachen, und man glaubte, daß sich ein Mensch mit einem Kreuzhoroskop ebenfalls nur im Kreise drehen würde wie ein Hamster im Rad und seine Kräfte dabei vorzeitig verbrauchen müßte.

Das Radix-Horoskop ist aber immer statisch. Es bildet bekanntlich die Verhältnisse am Himmel zur Geburtsminute ab, quasi so, als ob man eine Uhr in diesem Moment anhalten und das Zifferblatt abzeichnen würde. Im Geburtshoroskop »zielt« aber kein Planet auf einen anderen; die Planeten sind einfach nur da und stehen in bestimmten Winkelabständen zueinander.

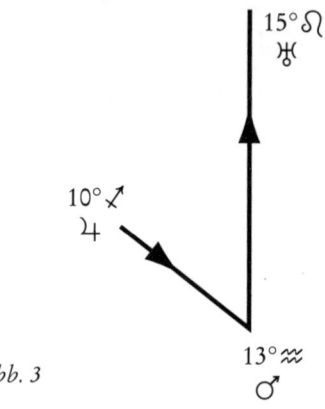

Abb. 3

Dynamik erhält das Radix-Horoskop erst dadurch, daß die weitergelaufenen Planeten zu bestimmten Zeitpunkten durch Transite die Faktoren des Grundhoroskops aktivieren. Wenn wir uns vor Augen führen, daß ein Planetenübergang – gradzahlmäßig gesehen – z.B. bei 10° anfängt und bei 15° aufhört und nicht umgekehrt, wird uns klar, daß jeder Transit in einer ganz bestimmten Reihenfolge über die Punkte einer Aspektfigur läuft.

Angenommen, wir haben eine Opposition zwischen Mars im Wassermann und Uranus im Löwen. Jupiter steht im Schützen im Sextil zu Mars und im Trigon zu Uranus. In diesem Falle nannte man die Stellung Jupiters *Entspannungspunkt* (in Amerika »Point of Thales«), ganz gleich, in welcher gradzahlmäßigen Reihenfolge die einzelnen Planeten sich befanden. Aus der Abfolge der Gradzahlen ergeben sich aber erhebliche Unterschiede.

Wenn im obigen Beispiel Jupiter auf 10° Schütze, Mars auf 13° Wassermann und Uranus auf 15° Löwe stehen und der Tages-Aszendent durch den Schützen transitiert, erreicht er zuerst Jupiter, danach bildet er ein Sextil zu Mars und schließlich ein Trigon zu Uranus. Dabei gibt er dem Betreffenden durch Jupiter zuerst das Gefühl, der absolut Größte zu sein. Mit diesem Gefühl im Bauch tritt der Geborene beim Sextil zu Mars aufs Gaspedal, weil er glaubt, auch der Schnellste zu sein, was zu einem Unfall führen kann, wenn der Tages-Aszendent das Trigon zu Uranus erreicht. Bei dieser Abfolge entspannt Jupiter also nicht, sondern regt die Konfrontation erst richtig an.

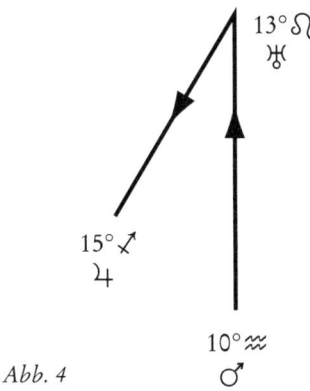

Abb. 4

Stünde im obigen Beispiel Mars jedoch auf 10° Wassermann, Uranus auf 13° Löwe und Jupiter auf 15° Schütze, liefe der Tages-Aszendent zuerst ins Sextil zu Mars, dann ins Trigon zu Uranus und zum Schluß in die Konjunktion zu Jupiter. Auch hier würde ein davon Betroffener wohl aufs Gaspedal treten, einem Unfall aber vermutlich um Haaresbreite entgehen, so daß Jupiter am Ende das Gefühl bedeutet, noch einmal davon gekommen zu sein. Hier hat Jupiter tatsächlich die Funktion, zu entspannen, aber erst nach dem vorherigen Durchleben der Spannung.

Es gibt noch eine weitere Variation: Mars auf 10° Wassermann, Jupiter auf 13° Schütze und Uranus auf 15° Löwe. Der Tages-Aszendent liefe zuerst ins Sextil zu Mars, dann in die Konjunktion zu Jupiter und zum Schluß ins Trigon zu Uranus. Wiederum würde der Horoskopeigner wohl aufs Gaspedal treten, dann aber bremsen und mit einem freundlichen Handzeichen dem anderen die Vorfahrt gewähren und diesen dann kurz darauf überholen. In diesem Fall, und **nur** in diesem Fall, würde die direkte Konfrontation umgangen. Das ist eigentlich mit der Bezeichnung »Entspannungspunkt« gemeint, aber nicht immer gegeben, wie wir gesehen haben.

Wären bei obigem Beispiel die Gradzahlen von Mars und Uranus vertauscht und würde Uranus also dem Mars vorangehen, könnte das Trigon zu Uranus durch eine neue Idee zum Ausdruck kommen, die sich beim Sextil zu Mars in einer Handlung niederschlägt. Folgt Mars dem Uranus, besteht eine viel größere Chance, den plötzlichen Einfluß von kosmischer Energie durch Bewegung oder

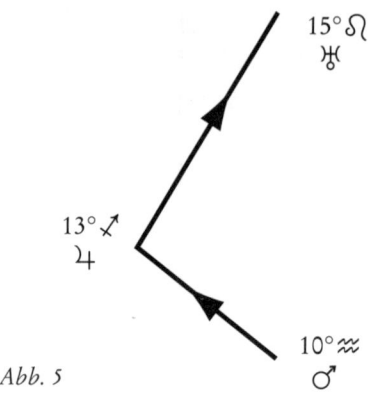

Abb. 5

durch eine Handlung abzureagieren, als umgekehrt. Die Reihenfolge der Gradzahlen bildet also den Schlüssel der Auslösungsdynamik.

Ganz ähnlich verhält es sich auch beim T-Quadrat. Auch in diesem Fall drücken die beiden äußeren Planeten nicht etwa auf den mittleren, sondern die Energie fließt, sobald sie durch Transite angeregt wird, immer in jene Richtung, die durch die Abfolge der Gradzahlen der Planeten angezeigt wird.

Nach dieser Methode kann man auch bei einem Großen Kreuz Anfang und Ende der Transitauslösung feststellen und den Energiefluß nachvollziehen. Ein solches Aspektgefüge wird aber nicht nur gelegentlich durch einen langsam laufenden Planeten aktiviert, sondern durch MC, Aszendent, IC und Deszendent *jeden Tag*, durch den Mond *viermal im Monat*, durch die Sonne *viermal im Jahr* und durch Mars *jedes halbe Jahr*. Diese Faktoren transitieren die Aspektfigur immer in der gleichen Reihenfolge, und es prägt sich dadurch im Laufe der Zeit ein ganz bestimmtes Verhaltens- und Reaktionsmuster ein, welches Roland Jakubowitz »Astroskript«[17] nennt. Nur nach dieser Methode können wir auch ein Großes Kreuz zuverlässig deuten.

Da das MC vier Minuten braucht, um 1° zurückzulegen, bekommt eine Person mit einem Großen Kreuz, bei dem zwischen

---

17 Roland Jakubowitz: *Astroskriptanalyse* (Bern: Astromentalis Verlag, 1991)

dem ersten und letzten Planeten 5° zurückgelegt werden müssen, viermal täglich 5 x 4 Minuten = 20 Minuten seine Aspektfigur zu spüren. Der Aszendent benötigt zwischen 2 und 5 Minuten, um 1° zurückzulegen, d.h. die vierfache tägliche Einwirkung dauert zwischen 10 und 25 Minuten.

Wie unterschiedlich Transite über ein Großes Kreuz ablaufen und welche Wirkungen diese auf den Geborenen haben können, soll an den folgenden Beispielen (Abb. 6) ausführlich dargestellt werden. Wenn bei einem Großen Kreuz Mars auf 29° Widder, Merkur auf 3° Wassermann, Mond auf 4° Skorpion und Pluto auf 5° Löwe stehen und der *transitierende Mars* auf 29° Widder zuläuft, bildet er zunächst eine Konjunktion zum Radix-Mars, dann wechselt er in den Stier und formt ein Quadrat zu Merkur, danach folgt eine Opposition zum Mond und zum Schluß ein Quadrat zu Pluto. Durch den Transit über Mars wird der Wille angeregt, sich aktiv zu betätigen, was beim Quadrat zu Merkur zu Nachdenken oder zu Diskussionen führt, bei der Opposition zum Mond zur seelischen Stellungnahme herausfordert und beim abschließenden Quadrat zu Pluto zur Durchsetzung führen könnte, häufig aber mit der Unterwerfung unter den Willen anderer abschließt, wenn dem Skorpion-Mond vorher genügend Angst eingejagt wurde.

Läuft der transitierende Mars jedoch zuerst auf 29° Stier zu, bildet er am Anfang nur ein Halbsextil zu Mars, das wohl kaum zu spüren sein wird. Dann wechselt er in die Zwillinge und regt Merkur durch ein Trigon auf angenehme Weise an. Das anschließende Quincunx zum Mond wird wohl ebenfalls kaum wahrgenommen, so daß das abschließende Sextil zu Pluto die Durchsetzung herbeiführen kann.

Anders, wenn sich der laufende Mars zunächst auf 29° Zwillinge zubewegt, denn er animiert Mars durch ein Sextil zur Tat. Dann wechselt er in den Krebs, wobei er zu Merkur lediglich ein kaum spürbares Quincunx bildet. Danach aktiviert er den Mond durch ein Trigon. Da das abschließende Halbsextil zu Pluto wiederum kaum zu spüren sein dürfte, wird dieser Transit wohl nur eine harmonische Interaktion zwischen Mann und Frau bewirken.

Was nun, wenn der transitierende Mars auf 29° Krebs läuft? Es liegt Streit in der Luft. Wenn er dann in den Löwen kommt und eine Opposition zum Merkur bildet, könnten Sohn oder Schüler die Adressaten sein und sich beim nachfolgenden Quadrat zum

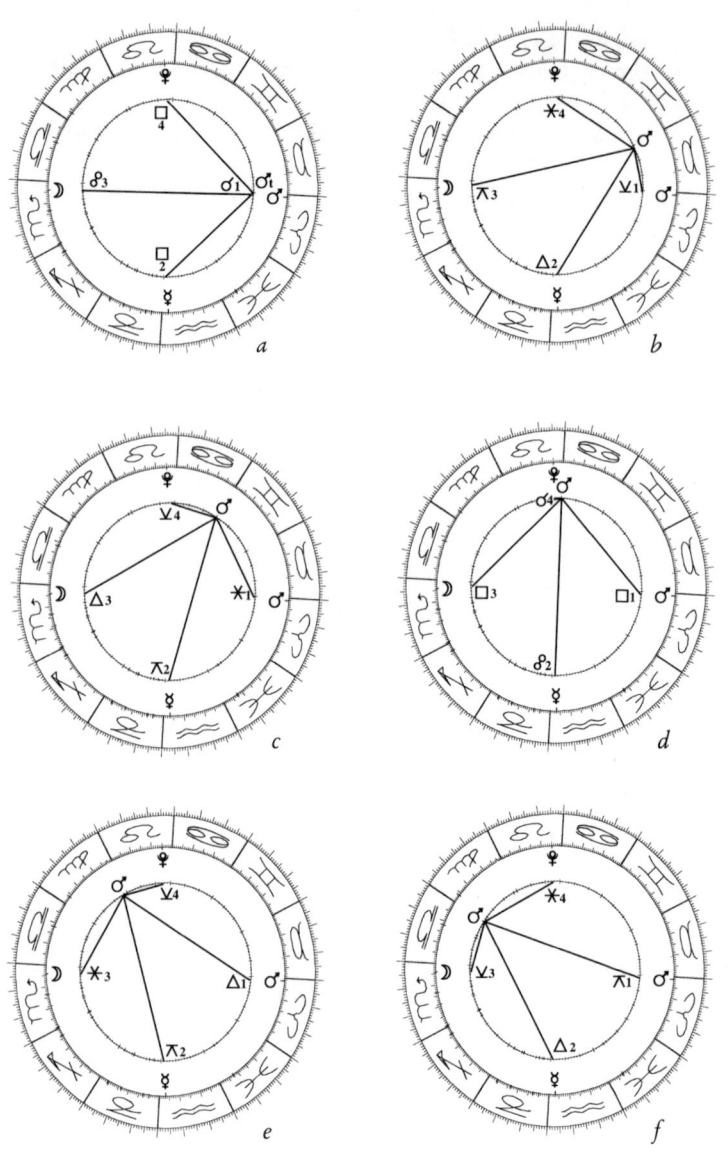

Abb. 6:

Mond gegen die mütterliche Autorität wenden. Zum Schluß tritt Mars dann in die Konjunktion zu Pluto und in diesem Fall dürfte sich die eigene Macht durchsetzen lassen.

Kommt der laufende Mars aber auf 29° Löwe, regt er Mars harmonisch zur Tat an. Wechselt er danach in die Jungfrau, bildet er nur ein Quincunx zu Merkur und danach ein Sextil zum Mond, während das Halbsextil zu Pluto am Ende wiederum kaum zu spüren sein wird. Wahrscheinlich kommt es auch hier zu einer harmonischen Interaktion zwischen Mann und Frau.

Bewegt sich der transitierende Mars aber über 29° Jungfrau, bildet er nur ein kaum nachvollziehbares Quincunx zu Mars. Wenn er später in die Waage kommt, bildet er ein Trigon zu Merkur, danach ein schwaches Halbsextil zum Mond und schließlich ein Sextil zu Pluto. Vermutlich kommt es in diesem Fall zu einer Kommunikation, die auf harmonische Weise die Machtansprüche erreichbar macht.

Bei dem Transit über 29° Waage wird die Wirkung wieder so ähnlich wie im ersten Fall sein. Ich könnte dieses Muster, das durch die einzelnen Transite geprägt wird, durch den ganzen Tierkreis verfolgen, möchte es aber vorerst bei diesen Beispielen belassen.

Mit dieser Methode kann man also Anfang (Mars) und Ende (Pluto) und vor allem die Reihenfolge des Astroskripts – das in diesem Fall Mars Quadrat Merkur Quadrat Mond Quadrat Pluto umfaßt – zuverlässig und eindeutig bestimmen und diese Punkte werden besonders gedeutet.

Ob ein Astroskript einen Horoskopeigner zum Sieger oder zum ewigen Verlierer macht, hängt unter anderem von der Transitfolge[18] ab. Insgesamt gibt es für das Große Kreuz drei verschiedene Möglichkeiten der dynamischen Verkettung:

* Folgt auf eine Opposition ein Quadrat und dann eine Opposition, so haben wir es nur mit *einer* Richtungsänderung um 90° zu tun (Abb. 7).

* Folgt auf ein Quadrat eine Opposition und dann ein Quadrat, haben wir es mit *zwei* Richtungsänderungen um 90° zu tun (Abb. 8).

* Folgt Quadrat auf Quadrat auf Quadrat haben wir es mit *drei* Richtungsänderungen um 90° zu tun (Abb. 9).

---

18 cf. Teil III.

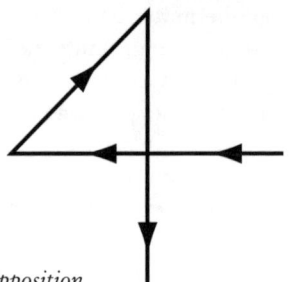

Abb. 7: Opposition - Quadrat - Opposition

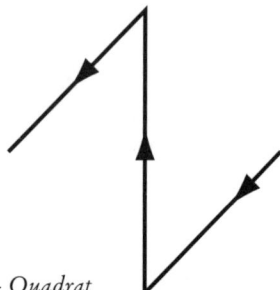

Abb. 8: Quadrat - Opposition - Quadrat

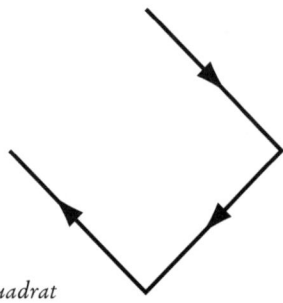

Abb. 9: Quadrat - Quadrat - Quadrat

Jede dieser Aspektfolgen prägt den Geborenen anders und je weniger Richtungswechsel um 90° vorliegen, umso fließender gestaltet sich die Skriptkette. Bei der dritten Variante reißt die Anstrengung nicht ab. Ob dieser Mensch dem Druck des Astroskripts widersteht oder ob er vorzeitig aufgibt, hängt wesentlich davon ab, welcher Planet am Schluß steht. Befindet sich dort Saturn, prägt sich diesem Menschen auf die Dauer ein, daß alles Kämpfen letztlich doch vergebens sein wird und nur zu Frustration führt. Darüberhinaus besteht die Gefahr, daß er seine Kräfte vorzeitig verbraucht und in Depressionen verfällt oder chronisch krank wird.

Steht dagegen Jupiter als Endpunkt, werden alle Kämpfe in dem sicheren Gefühl durchgestanden, am Schluß als Sieger daraus hervorzugehen. Auch hier ist die Gefahr des vorzeitigen Kräfteverbauchs gegeben, die Möglichkeit chronisch krank zu werden, ist jedoch geringer.

Noch ein Wort zu den Orben. Normalerweise bevorzuge ich einen engen Orbis, da jede Aspekttoleranz letztlich eine Zeitabweichung bedeutet. Orben von 10° nach jeder Seite sind völlig unakzetabel, weil sie die Horoskopdeutung in den Bereich der Beliebigkeit bringen. 3,5° nach beiden Seiten bei Langsamläufern und 5° nach beiden Seiten bei Schnelläufern halte ich für die äußerste Grenze. Wenn man diese Orben in MC-Zeit (4 Minuten = 1°) umrechnet, ergibt sich für 3,5° eine Zeit von rund einer Viertelstunde, für 5° eine Zeit von 20 Minuten. Damit bliebe zwischen der Anregung des einen Planeten bis zu der Anregung des nächsten durch das Tages-MC der zeitliche Zusammenhang zwischen Aktion und Reaktion gerade noch gewahrt.

Es gibt Jahre, in denen über einen längeren Zeitraum hinweg drei langsam laufende Planeten miteinander ein T-Quadrat bilden. In diese Konstellation laufen dann ständig schnellere Planeten hinein und vervollständigen so das Große Kreuz. Deshalb kommen in bestimmten Jahren Kreuzhoroskope gehäuft vor[19]. Wegen ihrer relativen Ähnlichkeit eignen sich solche Horoskope besonders gut zum Vergleich. Ich habe daher jeweils einen Jahrgang mit einem Großen Kreuz in den kardinalen, fixierten und veränderlichen Zei-

19 Eine Aufstellung dieser Jahrgänge befindet sich im Anhang.

chen herausgesucht und die vorgefundenen Kreuzhoroskope miteinander verglichen.

Leider waren mir bei den Krebs- und MS-Kranken nur ihre Geburtsdaten und die Tatsache ihrer Krankheit bekannt. Bei den weniger berühmten Personen standen mir meist nur die zwei bis sechs Zeilen aus dem IHL zur Verfügung. Aber auch die zwei bis sechs Seiten des Munzinger Archivs spiegeln vor allem das äußere Leben der Berühmtheiten wieder; Hobbies und familiäre Verhältnisse werden meist nur in einem Nebensatz erwähnt. Wundern Sie sich also nicht, wenn die Beschreibung der Betroffenen in den weiteren Kapiteln unterschiedlich lang ausfällt. Vielleicht bekommen Sie durch dieses Buch ja Appetit, die Biographie der einen oder anderen Person eingehender zu studieren.

Häufigkeit

Nachdem wir nun schon einiges über das Große Kreuz gehört haben, mag sich mancher Leser fragen, wie oft dieses überhaupt anzutreffen ist. Aufgrund des eingangs zitierten Negativbildes wäre ja zu vermuten, daß die Betroffenen kaum überleben können. So stellt sich also zunächst ganz automatisch die Frage nach der Häufigkeit.

Aus Datenschutzgründen ist es nicht möglich, von einem Standesamt Geburtsdaten zu erhalten, die nach dem Zufallsprinzip ausgewählt wurden (z.b. alle Daten von Menschen, deren Nachname mit dem Buchstaben B anfängt), dazu noch in einer Stückzahl, die Verallgemeinerungen zulassen (z.B. ca. 1.500 bis 2.000 Stück). Folglich sind statistisch relevante Aussagen über das Vorkommen von Kreuzhoroskopen in der Gesamtbevölkerung leider nicht möglich.

Deswegen beschränkte sich die Untersuchung darauf, den Anteil an Kreuzhoroskopen bei berühmten Menschen zu ermitteln. Unter den 5.632 im *Internationalen Horoskope-Lexikon IHL*[20] aufgeführten Geburtsbildern fand ich immerhin 456 Kreuzhoroskope. Das entspricht einem Anteil von 8%. Aufgrund des schlechten Rufes von Großen Kreuzen, nämlich eher Unglück als Erfolg zu versprechen, ist in der Gesamtbevölkerung ein höherer Anteil als 8% zu vermuten.

Es blieb zu prüfen, inwieweit diese negative Beurteilung über-

---

20 Hans-Hinrich Taeger (Ed.) *Internationales Horoskope-Lexikon IHL: 6000 Horoskope des Taeger Archivs*, 3 Bde. (Freiburg: Verlag Hermann Bauer, 1991/92).

haupt zutrifft. Bei unglücklichen Ereignissen läßt sich ein besonders großer Anteil an Kreuzhoroskopen vermuten. Aber bei den 142 Natur- und sonstigen Katastrophen (Erdbeben, Vulkanausbrüche, Überschwemmungen, Eisenbahn- und Flugzeugunglücke, Explosionen, Brände, Kriege, Schlachten, Bombenangriffe und -attentate, Staatsstreiche und Ereignisse im Zusammenhang mit der Atomenergie) fand sich jedoch nur ein einziges Horoskop (0,07 %), bei dem alle vier Ecken eines Großen Kreuzes mit Planeten besetzt waren. Bei weiteren elf Beispielen entstand zum Zeitpunkt des Ereignisses nur dadurch ein Großes Kreuz, daß entweder der Aszendent oder das MC in ein T-Quadrat hineingelaufen waren. Zusammengenommen ergab dies einen Anteil von 8,45%, der sich nicht wesentlich von dem Anteil bei den Berühmten unterscheidet.

Für die geringe Häufigkeit des Großen Kreuzes hatte Dr. Walter A. Koch folgende Gründe genannt: *daß es zu frühem Tod führt, wenn nicht andere günstige Stellungen dem entgegenstehen.*[21]

Die Auswertung einer privaten Datensammlung[22] von Kindern, die ihre Geburt nur um bis zu vier Wochen überlebt haben, ergab, daß lediglich bei 50 von 539 Fällen, also bei 9,28% ein Großes Kreuz im Horoskop vorhanden war.

Auch bei den von mir untersuchten Jahrgängen 1903, 1909/10 und 1926 gab es, abgesehen von den Todesfällen durch Kriegseinwirkung, keine Anzeichen für besondere Kurzlebigkeit: die Angehörigen des Jahrgangs 1909/10 erreichten größtenteils die statistische Lebenserwartung, während die Angehörigen des Jahrgangs 1903 sogar besonders langlebig waren: ein Alter von mehr als 80 Jahren war bei ihnen keine Seltenheit. Nur bei den Angehörigen des Jahrgangs 1926 starben viele schon um das 50. Lebensjahr herum.

Weiter konstatiert Dr. Koch, daß ein Großes Kreuz *das typische Unglückssymbol schicksalsgequälter Menschen sei*[23] und sowohl bei Verbrechern, Unglücksmenschen und Totgeburten als auch bei großen Künstlern, gefeierten Schauspielern, Dichtern und Mystikern vorkomme.

21 Dr. Walter A. Koch, *Gesammelte Aufsätze: Gestalthoroskopie*, .p.36
22 Datensammlung Irma Zenner, Hannover
23 Dr. Walter A. Koch, *Gesammelte Aufsätze: Gestalthoroskopie*, p. 37

Aus diesem Grunde wurden auch die oben beschriebenen Unglücksmenschen untersucht und es fand sich folgende Verteilung[24]:

100 Mörder	5 Kreuzhoroskope	= 5,00 %
80 Mordopfer	5 Kreuzhoroskope	= 6,25 %
220 MS-Kranke	15 Kreuzhoroskope	= 6,80 %
175 Krebskranke	10 Kreuzhoroskope	= 5,78 %
144 Drogensüchtige	5 Kreuzhoroskope	=3,50 %
134 Schizophrene	3 Kreuzhoroskope	= 2,23 %

Auffallend ist, daß bei den Schizophrenen das Große Kreuz mit rund 2% erheblich unterrepräsentiert ist. Bei ihnen fand ich dagegen häufiger Konstellationen, die entweder aus Quadrat, Halbquadrat, Quadrat und Anderthalbquadrat bzw. aus mehreren T-Quadraten bestanden. Oder sie hatten nur einzelne Quadrate, die aber untereinander keinerlei Verbindungen hatten. Hier scheinen die Kräfte mehr zentrifugal zu wirken, während das Große Kreuz eher *zentripetale*, also nach innen gerichtete Wirkung zu zeigen scheint.

Die Verteilung nach Berufsgruppen habe ich nur stichprobenhaft untersucht. Wenn man das IHL durchblättert, kann man sich des Eindrucks nicht erwehren, die meisten der dort erfaßten Personen seien Schriftsteller gewesen. Sie waren mit der Gesamtzahl von 983 Fällen vertreten. Davon hatten 92 ein Großes Kreuz im Horoskop, was einem Anteil von 9,36% entspricht. Schreiben scheint also eine gute Möglichkeit zu sein, die Energien eines Großes Kreuzes auszudrücken. Auch bei Tänzern (13 von 81 = 16 %) und Sportlern (30 von 241 = 12,4 %) ist der Anteil besonders hoch. Bei ihnen findet das Große Kreuz wahrscheinlich in der Fron des täglichen Trainings seinen Ausdruck. Aber auch bei Königen und deren Ehepartnern ist der Anteil mit 44 von 265 = 16,6 % besonders signifikant. Hier spiegelt sich das Eingezwängtsein in eine Rolle, aus der es kein Entrinnen gibt, im Großen Kreuz wider.

Es haben sich demnach die Aussagen bestätigt, daß das Große Kreuz nicht allzu häufig (rund 8 %) und sowohl bei Berühmten, als auch bei »normalen Menschen« sowie »Unglücksmenschen« etwa gleich häufig vorkommt. Lediglich bei einigen Berufsgruppen scheint es überrepräsentiert zu sein.

[24] Daten aus der Datenbank des Deutschen Astrologen-Verbandes.

Wenn das Große Kreuz aber entgegen seiner negativ besetzten Interpretation nicht nur die »Schlechten« trifft oder nicht nur »negative« Auswirkungen hat, stellt sich die Frage, woran es wohl liegt, daß der eine damit zu Ruhm und Ehre gelangt, während es für einen anderen ein langes Siechtum bedeutet. Um diese Frage zu lösen, bedarf es jedoch mehr als Statistik. Eine Antwort darauf kann nur durch den Vergleich einzelner qualitativ unterschiedlicher Kreuzhoroskope gewonnen werden.

Teil II

Das Große Kreuz
in den kardinalen Zeichen

Im Jahre 1909 gab es ein T-Quadrat, bestehend aus Uranus im Steinbock, Neptun im Krebs und Saturn im Widder. Uranus und Neptun standen bereits seit 1905 andauernd in Opposition. Diese Zeit stellte den Höhepunkt des Uranus/Neptun-Zyklus dar, der 1821 begonnen hatte. Hauptthema dieses Zyklus' war die industrielle Revolution, die durch den Dampfantrieb (Neptun) und technischen Erfindergeist (Uranus) einerseits und durch den massenhaften Einsatz von billigen Arbeitskräften (Neptun) und von Kapital (Uranus) andererseits ermöglicht wurde. Der daraus resultierende Anstieg der Wirtschaftskraft führte dann zu Herrschaftsansprüchen auf den Rest der Welt. Es war die Blütezeit des Imperialismus, der letztendlich 1914 in den Ersten Weltkrieg mündete. 1909 lief Saturn im Widder in diese Konstellation hinein und bildete zusammen mit Uranus und Neptun ein T-Quadrat. Ein Jahr später kam schließlich Jupiter in der Waage hinzu und sorgte für das äußerst seltene Auftreten eines Großen Kreuzes aus vier langsam laufenden Planeten. Saturn im Widder brachte als neue Qualität Widerstand gegen weitere Eroberungen und Herrschaftsansprüche aller Art, während Jupiter in der Waage versuchte, ein – wenn auch labiles – Gleichgewicht der Kräfte aufrechtzuerhalten.

Politische Schwierigkeiten bereitet in diesem historischen Abschnitt in fast allen westlichen Staaten der Etat, denn dieser wurde durch die Aufrüstung, insbesondere der Flotten (Neptun), übermäßig belastet. Hinzu kommen Unruhen in der Arbeiterschaft, die nur durch verbesserte Sozialgesetze, Anti-Trust-Gesetze und die Anerkennung der Gewerkschaften beschwichtigt werden konnten. Die einzelnen Kräfte formieren sich und werden dabei immer radikaler. Um von den inneren Unruhen abzulenken, werden äußere Feindbilder aufgebaut. So entgeht zum Beispiel England nur durch den Ausbruch des Ersten Weltkrieges knapp einem Bürgerkrieg.[25]

Es ist anzunehmen, daß die Geborenen des Jahrgangs 1909 das Große Kreuz stärker in der Leidensform erfuhren, da hier außer Uranus und Neptun und einem persönlichen Planeten nur Saturn beteiligt war. Geborene des Jahrgangs 1910 waren durch das Hinzukommen Jupiters eher in der Lage, die saturnalen Einschränkungen zu überwinden. Manche werden Zeit ihres Lebens versucht haben, die widerstreitenden Kräfte in sich selbst und in ihrer Umgebung auszubalancieren. Da aber eine solche Vielzahl von Langsamläufern dazu verführt, die entsprechenden Planetenenergien nach außen auf »böse Feinde« zu projizieren, sind viele von ihnen in die politischen Auseinandersetzungen der ersten Hälfte dieses Jahrhunderts hineingezogen worden. Sehen wir uns nun anhand von Beispielhoroskopen näher an, welche Wirkungen dieses Potential bei den betroffenen Menschen zeigte.

Zu den Menschen, die das Große Kreuz in der Leidensform erlebten, gehört der am 2. September 1909 geborene Widerstandskämpfer Harro Schulze-Boysen (Abb. 10). Sein Großes Kreuz besteht aus Venus auf 13° Waage [26] im 5. Haus, Quadrat rückläufiger Uranus auf 17° Steinbock im 8. Haus, Quadrat Mond auf 18° Widder im 11. Haus, Quadrat Neptun auf 19° Krebs im 2. Haus, Quadrat rückläufiger Saturn auf 23° Widder im 11. Haus. Dieses Skript kann man wie folgt deuten: die Lust an diplomatischer Vermittlung (Venus in der Waage) wird durch revolutionäre Ereignisse in der Gesellschaft (Uranus im 8. Haus) vereitelt, was Schulze-Boysens Bedürfnis, sich einer Gruppe von Kameraden anzuschließen (Mond im 11. Haus) in Frage stellt, da ihn das bei der gegebenen politischen Lage in Konflikt mit seinem Wertesystem gebracht hätte (Neptun im 2. Haus). Dieser Krebs-Neptun gab ihm aber auch die Fähigkeit, sich zu tarnen, um nicht bei seinen Kameraden als Außenseiter (Saturn im 11. Haus) dazustehen. Auf Saturn folgte aber noch ein Sextil zum rückläufigen Chiron auf 25° Wassermann. Chiron wird ja als eine tiefe Verletzung angesehen, die bei positiver

---

25 Alle Angaben zur Zeitgeschichte aus dtv Atlas zur Weltgeschichte.
26 Alle Gradzahlen wurden gerundet.

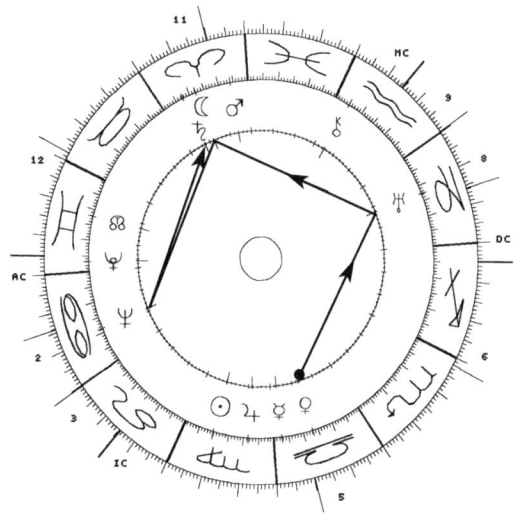

Abb. 10: Harro Schulze-Boysen

Bewältigung einem Horoskopeigner die Fähigkeit verleiht, anderen Menschen mit ähnlichen Problemen zu helfen. Chirons Stellung im Wassermann ist ähnlich zu sehen wie die des Radix-Saturn im 11. Haus; Chiron im 10. Haus zeigt jedoch eine tiefe Verletzung aufgrund der Unmöglichkeit, zu beruflichem Ansehen zu gelangen. Hier waren Kompromisse gefragt, wenn er dennoch seinen Machtanspruch (Trigon Pluto am Aszendenten auf 27° Zwillinge) befriedigen wollte.

Diese Skriptfolge spiegelt sich in seinem bewegten Leben wider: Harro Schulze-Boysen war ein Großneffe von Admiral Tirpitz. Sein Vater war Fregattenkapitän (Neptun im Krebs im 2. Haus). Die Familie war deutsch-national. Zunächst war Schulze-Boysen Anhänger eines nationalen Sozialismus, später Sympathisant der »Schwarzen Front«, die gegen Hitler eingestellt war. Schon in seiner Schulzeit in Duisburg nahm er von 1923-25 am Untergrundkampf gegen die französischen Besatzungstruppen teil. Bis 1930 war er zusammen mit Arvid Harnack und Adam Kuckhoff Chefredakteur der TAT. Danach studierte er in Berlin, wo er Herausgeber der Kampfzeitschrift GEGNER (vor allem gegen Hitler) wurde. Im April 1933, in der »Nacht der langen Messer«, wurde er von einem Rollkommando der SS überfallen und überlebte nur mit Mühe ein Spießrutenlaufen. Anfang 1934 wurde er zum See-Beobachter ausgebildet, bestand aber die Abschlußprüfung nicht. Wegen seiner Sprachkenntnisse wurde er anschließend als Dolmetscher bei der Fliegerabteilung eingesetzt. Am 26. Juli 1936 heiratete er eine Arbeitsdienstführerin und bekam durch deren gute Beziehungen einen Posten im Auslandspresseamt.

Gleichzeitig arbeitete er am Aufbau der Widerstandsorganisation »Die Rote Kapelle« mit, wobei er es bestens verstand, sich zu tarnen (Neptun im 2. Haus, Sextil Jupiter und Quadrat Saturn). Ende August 1942 fiel die Führung der »Roten Kapelle« der illegalen Gruppe der Gestapo in die Hände. 117 Mitglieder wurden hingerichtet, darunter auch Harro Schulze-Boysen am Abend des 22.12.1942.[27]

Fünf Tage später, am 7. September 1909, wurde in Istanbul der Regisseur Elia Kazan (Abb. 11) unter dem Namen Elia Kazanjoglous als Sohn eines griechisch-türkischen Teppichhändlers geboren. Sein Vater zog mit der Familie zunächst nach Berlin, wanderte aber 1913 wieder nach Amerika aus. Dort kam er zu Wohlstand und konnte seinen Sohn auf das teure Williams-College schicken, das Kazan als Bachelor of Arts »cum laude« verließ. 1930-1932 studierte er an der Theaterabteilung der Yale-Universität, die er jedoch ohne Studienabschluß verließ. Danach begann er am Group Theatre in New York als Bühnenarbeiter und diente sich bis zum Inspizienten hoch. Im Jahre 1935 debütierte er dort als Schauspieler, führte aber ab 1942 nur noch Regie.

1948 gründete er mit Lee Strasberg das Actors Studio, eine berühmte Schauspielschule in New York, an der er auch von 1948-1962 selbst lehrte. Er entwickelte dabei einen expressiven Darstellungsstil, bei dem das zu spielende fremde Schicksal im Unterbewußtsein des Schauspielers aktiviert werden sollte. Von ihm wurde eine ganze Schauspieler-Generation beeinflußt, so etwa Marlon Brando, James Dean, Karl Malden, Rod Steiger, Eva Maria Saint und Paul Newman.

---

27 Quelle Archiv Fritz Waschwill in: Zeitschrift für Klassische Astrologie Heft 5/82.

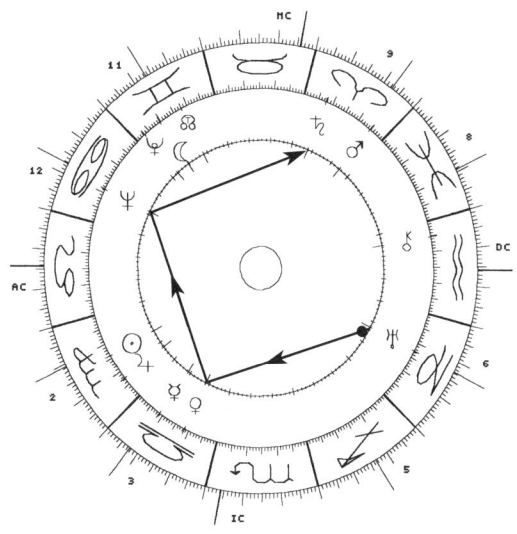

Abb. 11: Elia Kazan

Sein Großes Kreuz besteht aus dem rückläufigen Uranus auf 17° Steinbock, Quadrat Venus auf 18° Waage, Quadrat Neptun auf 19° Krebs, Quadrat rückläufiger Saturn auf 22° Widder. Am Geburtsort Istanbul stand das Große Kreuz in den Häusern 3-12-9-6. Da er aber ab seinem 4. Lebensjahr in New York lebte, habe ich sein Horoskop auf New York reloziert. Dort steht das Große Kreuz in den Häusern 6-3-12-9. Während der rückläufige Mars im 6. Haus in Istanbul sich in Arbeit hätte ausdrücken müssen und Merkur und Venus im 12. Haus zu einem Schattendasein verdammt gewesen wären, entwickelte sich Kazan in New York mit Merkur und Venus im 3. Haus und der Herausforderung durch Mars im 9. Haus zu einem präzisen Beobachter der Gesellschaft und der Neurosen des »gelobten Landes Amerika« und er hielt dieser in seinen Filmen den Spiegel vor.

Mit seinem ersten 1945 für Hollywood gedrehten Film *A Tree Grows in Brooklyn* setzte er ein Thema seines Großen Kreuzes – nämlich das Einwurzeln in eine ungastliche Welt – noch entsprechend der Häuser seines Geburtsortes Istanbul um: Uranus im 3.

Haus (der plötzliche Wechsel der Umgebung), Quadrat Venus im 12. Haus (sich in der Zurückgezogenheit wohlfühlen), Quadrat Neptun im 9. Haus (sich im Ausland nicht auskennen), Quadrat Saturn im 6. Haus (sich in der Realität einwurzeln). In seinen meisten Filmen behandelte er aber das Thema seines Quadrats zwischen Jupiter und Pluto, in das auch der Mond durch eine weite Konjunktion zu Pluto einbezogen war. In *Gentlemen's Agreement* (1947) attackierte er den verborgenen Antisemitismus in Amerika, in *Pinky* (1949) den brutalen Rassismus, in *Viva Zapata!* (1951) Diktaturen, in *The Man on the Tightrope* (1953) die Unterdrückung in den sogenannten Volksdemokratien, in *On the Waterfront* (1954) den Mißbrauch von Hafengewerkschaften durch Gangster, in *A face in the crowd* (1956) die Verführungskünste der Medien und in *The last tycoon* (1976) die Zusammenballung von Macht in der Hand eines einzigen Mannes.

An seinem Geburtsort stand Jupiter im 11. Haus, dem Haus der Freunde und Mitstreiter und Pluto, zusammen mit dem Mond, in seinem eigenen 8. Haus. Dort hätte Kazan möglicherweise ein ähnliches Schicksal wie Schulze-Boysen erwartet. In Amerika aber stand Jupiter im 2. Haus des eigenen Wertesystems und die Mond/Pluto-Konjunktion im 11. Haus, was es Kazan ermöglichte, den Zeitgeist (11. Haus) zu attackieren und entscheidend mitzuprägen.

Er verfilmte auch moderne amerikanische Literatur wie *A Streetcar Named Desire* (1951) von Tennessee Williams und John Steinbecks *East of Eden* (1955). Sein berühmtester Film aber wurde *America, America* (1963). 1976 erschien sein Roman *Der Schlußakt*, eine Schauspieler-Tragödie, die seine autobiographischen Erlebnisse und Erfahrungen widerspiegelt, 1978 *Acts of Love* und 1982 *The Anatolian*, in dem er sich am Ende seines sechsten Jupiter-Umlaufs mit der noch archaischen türkischen Tradition seines Geburtslandes und dem »libertinären« Denken der Amerikaner in seiner neuen Heimat auseinandersetzt.[28]

Doch zurück zu den Konstellationen des Jahres 1909. Im folgenden Monat lief Merkur in das Große Kreuz hinein und führte bei den untersuchten Beispielen (geboren am 13.9. und 17. und 18.10)

---

28 *100 Regisseure und klassische Filmschauspieler*. (Wettswil: Edition Astrodata, 1989).

zu schwerer Krankheit. In allen drei Fällen besteht das Große Kreuz aus Merkur in der Waage (bei den im Oktober Geborenen rückläufig), Quadrat Uranus im Steinbock (bei der im September Geborenen rückläufig), Opposition Neptun im Krebs, Quadrat zum rückläufigen Saturn im Widder. Allerdings ist die Besetzung der Häuser unterschiedlich: 3-5-11-9; 3-7-1-9 und 7-10-4-1.

Bei allen diesen Fällen handelt es sich um Frauen. Der am Großen Kreuz beteiligte Uranus hat bekanntlich etwas mit der Emanzipation zu tun. Emanzipation heißt ja nichts anderes als Befreiung aus der Bevormundung. Da Uranus im Jahr seiner Entdeckung 1781 im Krebs stand, brachte er von hier aus die überkommenen Werte von weiblicher Tugend und Mutterschaft und die auf dem Idealbild der Familie gegründeten Strukturen gründlich durcheinander. Allmählich bildete sich ein neues Bild von der Frau und ihrer Rolle in der Gesellschaft heraus. Als Uranus im Jahre 1905 nach anderthalb Umläufen in das Gegenzeichen Steinbock eintrat, war ein erster Höhepunkt des Emanzipationszyklus erreicht. Die Frauen hatten sich bereits viele Rechte erkämpft. Die Oppositions- oder Vollmondstellung eines Zyklus ist aber immer auch der Ausgangspunkt eines beginnenden gegenläufigen Zyklus, der zu besagter Zeit noch durch Neptun im Krebs besonders unterstrichen wurde. Die Frauen dieser Zeit waren hin- und hergerissen zwischen der neuen Möglichkeit der Berufstätigkeit (Uranus im Steinbock) und der gefühlsmäßigen Hinwendung zur Mutterschaft (Neptun im Krebs). Mit Merkur in der Waage war es ihnen aber wichtig, beide Positionen miteinander zu vereinen, und dafür zu sorgen, daß dabei die Kinder nicht zu kurz kamen. Der rückläufige Saturn im 1. Haus bzw. 9. und 10. Haus wird ihnen dann nahegelegt haben, zugunsten der Kinder auf einen Beruf bzw. auf ihre eigene Selbstverwirklichung zu verzichten. Bei den im Oktober Geborenen, wo Merkur rückläufig ist, könnte auch ein unerfüllbarer Kinderwunsch dahinter stecken.

Besonders aussichtslos war offenbar das Schicksal der am 17. Oktober 1909 geborenen Maria (Abb. 12). Ihr rückläufiger Merkur war im 4. Haus eingeschlossen, was neben einer überdurchschnittlichen Intelligenz auch den dringenden Wunsch nach Kindern bedeuten kann. Mit Uranus im 7. Haus geriet sie aber vermutlich an Partner, mit denen eine dauerhafte Bindung nicht möglich war, was

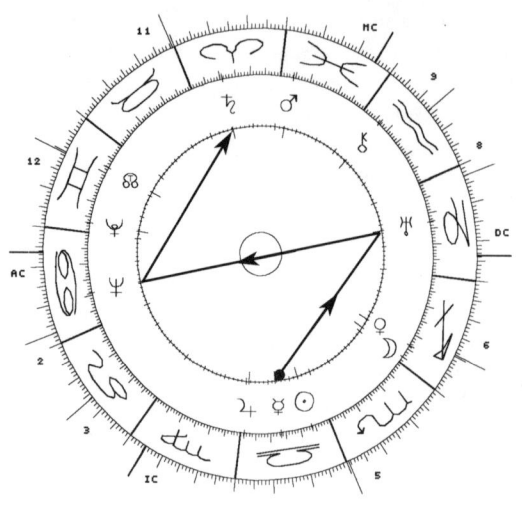

Abb. 12: Maria

ihr Selbstbewußtsein untergrub (Neptun im 1. Haus). Aber mit dem rückläufigen, im 10. Haus eingeschlossenen Saturn war ihr wohl auch eine berufliche Karriere und damit auch die Heilung ihres wunden Punktes, sich nicht optimal entfalten zu dürfen (Sextil Chiron im 9. Haus) genommen. So blieb ihr nur der Rückzug auf Heim und Herd (Trigon Sonne, im 4. Haus eingeschlossen), was dann mit ihrer Krankheit endete (Trigon Pluto im 12. Haus, der zusätzlich noch ein Quadrat des rückläufigen Mars aus dem 10. Haus erhielt).

Wie äußerte sich eine ähnlich gelagerte Konstellation bei einem Vertreter männlichen Geschlechts? Zu den im September Geborenen zählt auch der ehemalige Präsident von Ghana Kwame Nkrumah. Leider widersprechen sich die Daten der einzelnen Archive: Das Munzinger Archiv gibt den 21. September 1909 an, das IHL den 18. September 1909 12:09 Uhr GMT in Nkroful. Ich habe daher lange gezögert, ob ich sein Horoskop hier besprechen soll. Unterstellt, daß die im IHL angegebene Geburtszeit stimmt, würden Aszendent, MC und die Sonne am 21. September um 3° weiter-

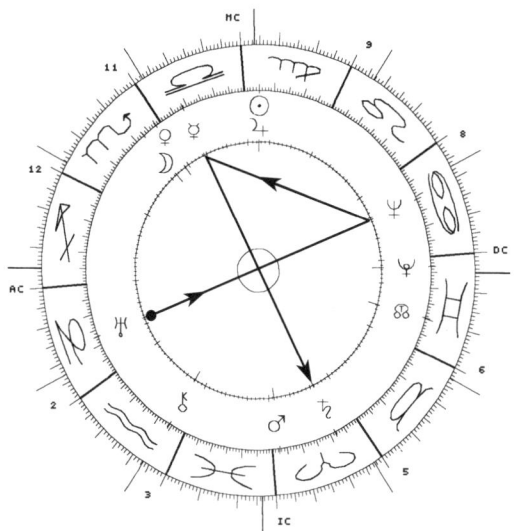

Abb. 13: Kwame Nkrumah

gelaufen sein. Das Große Kreuz fiele bei beiden Daten in die kardinalen Häuser 1 (rückläufiger Uranus), 7 (Neptun), 10 (Merkur) und 4 (rückläufiger Saturn). Allerdings würde Merkur am 21. September den Endpunkt des Astroskripts einnehmen. Es würde dann Trigon bzw. Sextil Chiron im Wassermann im 2. Haus, Quincunx Sonne-Jupiter bzw. Jupiter-Sonne am MC, und Quadrat Pluto am Deszendenten folgen. Es ist anzunehmen, daß Nkrumah speziell dieser Planetenstellung seinen Aufstieg verdankt, die am 18. September noch etwas genauer wäre. Auch Mond im 11. Haus beim Geburtsdatum 18. September 1909 wäre bei einem populären Politiker wahrscheinlicher als Mond im 12. Haus. Das in Abbildung 13 dargestellte Horoskop basiert auf den Daten vom 18. September 1909. Wegen all dieser Unklarheiten werde ich daher nicht auf die Einzelheiten seines Horoskops eingehen, sondern nur kurz seinen Lebenslauf schildern.

Kwame Nkrumah wurde als Sohn eines Goldschmiedes in Nkroful in der damals britischen Kolonie Goldküste geboren. Er besuchte katholische Missionsschulen und studierte zunächst in

Achimota, später in den USA Wirtschaftswissenschaften, Soziologie, Theologie und Pädagogik und anschließend in England Jura (ab 1944). Dort spielte er eine führende Rolle in verschiedenen westafrikanischen Organisationen. 1947 kehrte er an die Goldküste zurück, wo er Generalsekretär der »United Gold Coast Convention« wurde. Zwei Jahre später gründete er die »Convention Peoples Party« CPP, die im Februar 1951 einen überraschend großen Wahlsieg errang. Direkt aus dem Gefängnis heraus wurde er Premierminister der britischen Goldküste, aber zunächst noch unter einem britischen Gouverneur. Am 6. März 1957 wurde die Goldküste unabhängig, nahm den Namen Ghana an und gliederte sich Britisch-Togoland an.

Außer dem Amt des Premierministers verwaltete er zeitweise auch die Ressorts des Äußeren, des Inneren und der Verteidigung. Er wurde auf Lebenszeit zum Vorsitzenden der CPP gewählt. Sein Ziel war die stammeslose afrikanische Gesellschaft. Deshalb war er mit seinen absonderlichen Schwächen und mit seinen Stärken lange das Idol der jungen Afrikaner. Mit Nehru, Sukarno und Nasser repräsentierte er Ende der fünfziger Jahre die Dritte Welt. Zahlreiche panafrikanische Konferenzen fanden seit 1957 unter seiner geistigen Führung statt. Im April 1960 wurde Ghana zur Republik erklärt und Nkrumah deren erster Staatspräsident. Durch ein Referendum installierte er 1964 das Einparteienregime und errichtete eine immer drückender werdende Diktatur mit umfassenden Vollmachten. Nach Attentaten auf ihn in den Jahren 1962 bzw. 1963 und im Januar 1964 machte er sich praktisch auch zum obersten Gerichtsherrn. Die Gefängnisse füllten sich und etwa 10.000 Landsleute emigrierten. Der Preisverfall für Kakao und die Mißwirtschaft brachten das Land trotz anfänglich hoher Devisenreserven an den Abgrund. Am 24. Februar 1966 wurde Nkrumah durch eine Militärrevolte gestürzt, als er sich gerade in Peking aufhielt. Er begab sich dennoch nach Guinea, wo er sogar noch pro forma zum Ko-Präsidenten ernannt wurde. Am 27. April 1972 verstarb er in Bukarest an Magenkrebs. Um seine sterblichen Überreste entwickelte sich ein handfester politischer Streit. Zunächst wurde er in Conakry beigesetzt, später wurde seine Leiche dann doch noch nach Ghana überführt.

Am 14. Oktober 1909 wurde der berühmte Autorennfahrer

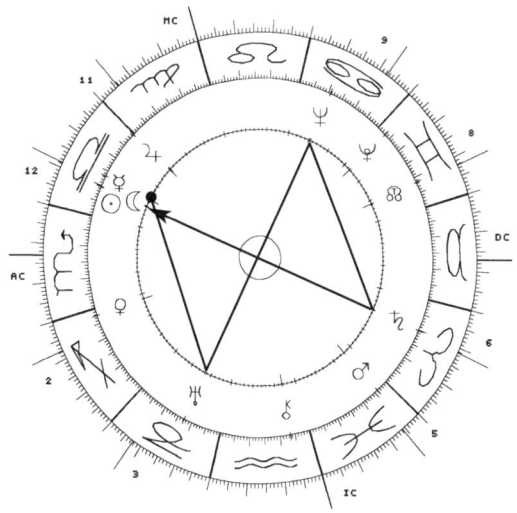

Abb. 14: Bernd Rosemeyer

Bernd Rosemeyer geboren (Abb. 14). Auch bei ihm besteht das Große Kreuz aus dem rückläufigen Merkur, Quadrat Uranus, Opposition Neptun, Quadrat Saturn retrograd. Es folgt dann aber noch die Opposition zu Mond/Sonne. Bei Rosemeyer sind die Häuser 11, 3, 9, Spitze 6 und Spitze 12 beteiligt.

Rosemeyer war der bekannteste deutsche Autorennfahrer vor dem Krieg. Er wurde 1936 Europameister und Deutscher Straßenmeister. Im gleichen Jahr war er Sieger des Grand Prix von Deutschland und Italien und des ADAC-Eifelrennens. Er verbesserte auch mehrere Klassenweltrekorde. Leider wurde er von den Nazis zum überlegenen arischen Herrenmenschen hochstilisiert und als Galionsfigur mißbraucht. Bei einem Rekordversuch auf der Autobahn Frankfurt-Darmstadt verunglückte er am 28. Januar 1938 um 11:50 Uhr tödlich.[29]

Bei einem rückläufigen Merkur finden wir in der Kindheit häufig Schwierigkeiten im verbalen Ausdruck. Die Beweglichkeit sucht

---

29 Meridian 4/84, p.6.

sich dann andere Ventile, so wie hier, mit einem Quadrat zu Uranus im 3. Haus, durch einen rasanten Sport. Bei Rosemeyer folgt als Endpunkt noch die exakte Mond/Sonne-Konjunktion an der Spitze des 12. Hauses. Für ein Sportidol bedeutet dies eine merkwürdige Stellung, der Rosemeyer aber auch nicht seinen Ruhm verdankt. Ihre Funktion bestand vielmehr in der Selbstbestätigung durch das Überwinden der von Saturn gesetzten physischen Grenzen. So wird er denn auch als »sympathisch, aber charakterlich eher farblos« geschildert, wie die meisten Menschen mit Sonne im 12. Haus, die sich darüber beklagen, von ihrer Umgebung einfach nicht wahrgenommen zu werden. Seinen Ruhm verdankt er dem mit Jupiter im 11. Haus endenden T-Quadrat aus dem rückläufigen Mars an der Spitze des 5. Hauses und im Quadrat zum rückläufigen Pluto im 8. Haus.

Rosemeyer ist durch die Überwindung Saturns zwar dem langsamen Zersetzungsprozeß einer Krebskrankheit oder einer Multiplen Sklerose »davongerast«. Doch holte ihn das Schicksal durch den rückläufigen Pluto im 8. Haus in einem einzigen Augenblick ein.

Einen Tag früher (13. 10. 1909) wurde der amerikanische Jazz-Pianist Art Tatum (Abb. 15) geboren. Sein Großes Kreuz beginnt mit Uranus im 2. Haus, Quadrat rückläufiger Merkur in der Waage im 11. Haus, Quadrat Neptun im 8. Haus, Quadrat Waage-Sonne im 11. Haus, Opposition rückläufiger Saturn im 5. Haus. Auch bei ihm gab es zusätzlich das T-Quadrat aus rückläufigem Mars im 4. Haus, Quadrat Pluto an der Spitze des 8. Hauses, Quadrat Jupiter im 10. Haus, Sextil Schütze-Venus am Aszendenten. Aber Art Tatum konnte dieses T-Quadrat nicht wie Rosemeyer durch einen Rennsport ausagieren. Er war auf einem Auge blind und verfügte auf dem anderen über nur geringe Sehfähigkeit. Der rückläufige Mars im 4. Haus scheint mir in diesem Zusammenhang äußerst verdächtig. Offensichtlich hatte aber die Behinderung entscheidenden Anteil daran, daß er die Spannungen des Großen Kreuzes durch die vibrierende Jazz-Musik zum Ausdruck brachte (Venus am Aszendenten). Er starb am 5. November 1956 in Los Angeles.

Mit einer ähnlichen Konstellation wurde am 30. Oktober 1909 der französische Maler Jean Le Moal (Abb. 16) geboren. Sein Großes Kreuz besteht aus Uranus im 8. Haus, Quadrat rückläufiger

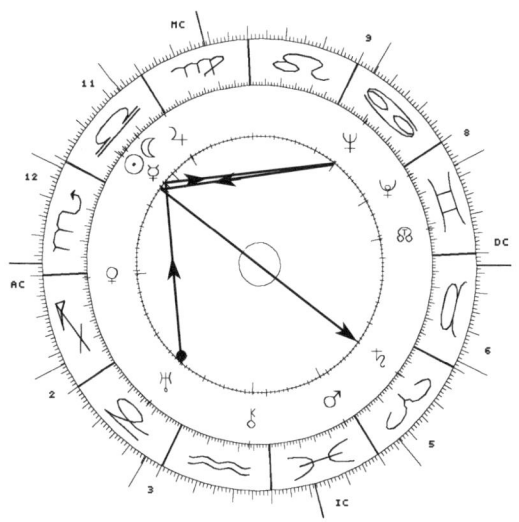

Abb. 15: Art Tatum

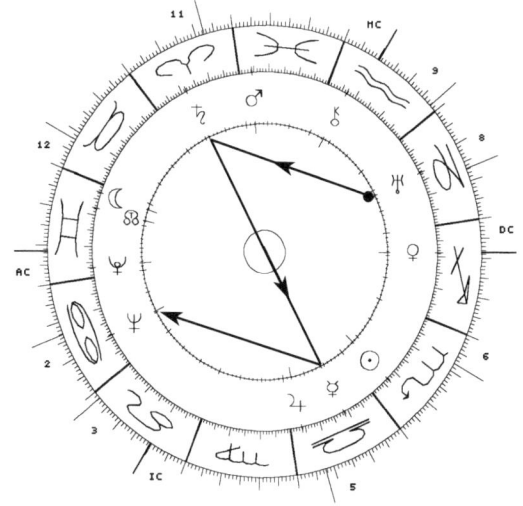

Abb. 16: Jean Le Moal

Saturn im 11. Haus, Opposition Merkur im 5. Haus, Quadrat rückläufiger Neptun im 2. Haus, was sowohl wirtschaftliche Unsicherheit als auch – da rückläufig und im Krebs stehend – ein besonderes schöpferisches Gespür bedeuten kann.

Zusätzlich enthält dieses Horoskop auch die Aspektfigur eines »Hauses« mit dem Fundament Zwillinge-Aszendent im Trigon zu Merkur, dem Dachboden Saturn Trigon Venus und dem Dachfirst MC-Chiron im Wassermann, ein Bild, das wahrhaft zu einem Künstler paßt. Das IHL beschreibt ihn als *frz. Maler, Grafiker, Bühnendekorateur, Glasmaler, Textildesigner, Vertreter der Informellen Kunst. Bekannt für seine rhythmisch-abstrakten Farbstrukturen und seine dynamische Farbgebung.* Während Rosemeyer der Spannung des Großen Kreuzes davongerast ist, Art Tatum sie sich von der Seele spielte, hat Le Moal, vielleicht in einer Art Schöpfungsrausch (Uranus im 8. Haus), sein Bedürfnis nach Seelenfrieden in der Malerei (Neptun im Krebs) zum Ausdruck gebracht. Sein Krebs-Neptun wirkt auch in der Innenarchitektur und in seinen Bühnendekorationen (Krebsschalen sind geschlossene Räume, Krebs entspricht aber auch dem »Haus«). Le Moals Vielseitigkeit beruhte aber nicht nur auf dem Großen Kreuz, schließlich waren in seinem Horoskop außer den Zeichen Stier und Jungfrau alle Zeichen mit Planeten oder Achsen besetzt. Darüberhinaus kann ihn die durch Neptun im 2. Haus angezeigte wirtschaftliche Unsicherheit dazu gezwungen haben, alle Potentiale seines Horoskops zu entwickeln.

Wie bereits oben beschrieben, lief Jupiter 1910 in das schon seit 1909 bestehende T-Quadrat hinein. Bei einem Großen Kreuz aus vier langsam laufenden Kollektivplaneten soll nur dann mit einer Wirkung auf den einzelnen Geborenen zu rechnen sein, wenn das Große Kreuz durch einen persönlichen Planeten oder durch eine Achse in das Gesamtgefüge eingebunden ist. Diese Annahme ließ sich bestätigen. Während in den zwei Monaten des Jahres 1909 sieben von insgesamt neun Fällen einen tragischen Zug hatten, kam dies nur bei vier der 13 untersuchten Fälle aus dem Vergleichszeitraum des Jahres 1910 vor.

Meines Erachtens liegt dieser doch erhebliche Unterschied zwischen diesen beiden Jahren teilweise (aber nicht ausschließlich) an der Beteiligung Jupiters am Großen Kreuz. Jupiter stand bei den

Geburten des Jahres 1910 am Anfang und ließ diese Menschen somit nach Ruhm streben. Gleichzeitig stand Uranus am Ende der Aspektkombination, nachdem er bei elf Fällen zuvor Saturn überwunden hatte. Dies läßt an unvorhergesehene plötzliche glückliche Fügungen denken. Im Jahre 1909 stand Uranus jedoch am Anfang und Saturn am Ende, was darauf hindeutet, daß sich eine angestrebte grundlegende Veränderung letzlich doch nicht verwirklichen ließ.

Bei den meisten Fallbeispielen des Jahres 1909 stand Jupiter außerdem auch im Quadrat zu Pluto und ab Oktober bildete der rückläufige Mars mit diesen beiden ein T-Quadrat, während Pluto gleichzeitig im Trigon zu Chiron stand. Wenn also Chiron, der den wunden Punkt in einem Horoskop anzeigt, und die Energien Jupiters, der sich optimal entfalten will, in Pluto einmünden, ist je nach Hausstellung mit Gewaltlösungen zu rechnen (wie am Beispiel von Art Tatum oder Bernd Rosemeyer mit Pluto im 8. Haus ersichtlich).

Im Jahre 1910 haben wir dagegen ein Trigon zwischen Pluto und Chiron vorliegen, mit dem teilweise auch andere Planeten harmonisch verbunden sind. Die regenerierenden Energien Plutos werden hier also benutzt, um die Wunde Chirons zu heilen und in hilfreiche Energie für andere umzuwandeln. Besonders eindrucksvoll ist dies bei Mario Tobino mit Chiron im 12. Haus zu sehen, der als Chefarzt in einer Psychiatrie gearbeitet hat und in seinem berühmtesten Buch *Die Frauen von Magliani oder die Freiheit im Irrenhaus* versucht, an einzelnen Schicksalen der Dämonie des Irreseins auf die Spur zu kommen. Oder aber bei Jacques Monod mit Chiron im 2. Haus, der für seine Arbeit über die genetische Steuerung der Enzym- und Virussynthese den Nobelpreis für Medizin erhielt. So konnte in den meisten Fällen der Jahrgänge 1909 und 1910 Erfolg oder Mißerfolg auch oder hauptsächlich aus der Stellung von Pluto und Chiron zueinander hergeleitet werden. Die Frage von Berühmtheit oder Krankheit hing in diesen Fällen also nicht allein von der Tatsache eines Großen Kreuzes im Horoskop ab.

Es gibt nur wenige andere Jahre mit einem Großen Kreuz in den kardinalen Zeichen, so zum Beispiel die Jahre von 1823 bis 1827 oder 1931 bis 1934, in denen es aber kaum Berühmte mit einem

Kreuzhoroskop gibt. Im Jahre 1931 läßt sich diese Tatsache vermutlich von den beteiligten Planeten ableiten. Es handelt sich nämlich um die aggressive Mischung aus Krebs-Pluto, Opposition Steinbock-Saturn, Quadrat Widder-Uranus, teilweise in Konjunktion mit dem nördlichen Mondknoten.

Aus den obigen Befunden läßt sich die Behauptung, daß ein Großes Kreuz in den kardinalen Zeichen die betroffenen Menschen zu großen Leistungen antreibt und den Erfolg eher begünstigt, weder untermauern noch widerlegen. 1931 lag es an den beteiligten Planeten, daß den Geborenen wenig Erfolg beschieden war; bei dem Jahrgang 1909 waren Erfolg oder Mißerfolg wohl mehr von den anderen Faktoren der einzelnen Horoskope beeinflußt. 1910 hing die Vielzahl von Berühmten mit einem Kreuzhoroskop hauptsächlich davon ab, daß bei ihnen Jupiter am Anfang und Uranus am Ende standen.

Das Große Kreuz
in den fixierten Zeichen

In unserem Jahrhundert gab es nur 1926 ein T-Quadrat in den fixierten[30] Zeichen aus Neptun im Löwen, Saturn im Skorpion und Jupiter im Wassermann. Saturn im Skorpion führt zu einer großen Angst vor dem Tod und vor physischer Vernichtung, eine Angst, die unterschwellig immer vorhanden ist. Diese Tendenz wird durch Pluto am aufsteigenden Mondknoten weiter genährt: Irène Andrieu schreibt dazu:

Die einzige Möglichkeit für einen solchen Menschen, wenn er sich in diesem Leben weiterentwickeln möchte, scheint darin zu liegen, seine Träume, alles, was er geschaffen hat, und sein Selbstbild der völligen Vernichtung preiszugeben. Er kann das Opfer seiner eigenen Zerstörung werden, oder er wird unter einem Schock leiden, der von dramatischen Ereignissen ausgelöst wurde, sodaß ihm keine Illusion und vielleicht gar keine Hoffnung mehr gelassen wird.[31]

Die Erfahrungen des Ersten Weltkriegs mit seiner anschließenden totalen Änderung der politischen Verhältnisse und eine vage Ahnung von noch kommendem Unheil führten zu einer ungeheuren Lebensgier: »Genießet das Leben, morgen kann es schon vorbei sein!« Mit Jupiter im Wassermann stürzt sich diese Lebensgier auf alles Neue, Exzentrische, aber »bitte mit Sahne!« (Neptun im Löwen).

In Europa hat man die unmittelbaren Kriegsfolgen größtenteils

---

30 Im Gegensatz zur üblichen Gepflogenheit bevorzuge ich den Ausdruck „fixiert" zur Beschreibung dieser Qualität.
31 Irène Andrieu: *Karma im Horoskop*, (München: Hugendubel Verlag, 1989) p.110.

überwunden: die Inflation ist vorbei und der Vertrag von Locarno hat die politische Entspannung eingeleitet. Mit der Gründung des Völkerbundes und des Internationalen Gerichtshofs hat man die Illusion in die Welt gesetzt, daß man in Zukunft alle Streitigkeiten zwischen den Staaten durch Verträge regeln und so weitere Konflikte verhindern könne. 1926 wird auch Deutschland in den Völkerbund aufgenommen. Die wirtschaftlichen Folgen des Krieges sind aber noch überall zu spüren und führen in einigen Staaten zu sozialen Konflikten, in anderen zu nationalistischen Bestrebungen: in Großbritannien streiken 1926 sieben Monate lang die Bergleute, was 1927 zur Einschränkung der Rechte der Gewerkschaften führt. In Italien, wo Mussolini bereits 1922 die Herrschaft an sich gerissen hat, konsolidiert sich der Faschismus; in Spanien wird die Militärregierung unter Primo de Rivera in eine zivile Regierung umgewandelt; in Portugal kommt es zum Militärputsch unter Gomes da Costa; in Polen putscht Pilsudski. Im Fernen Osten beginnt die Herrschaft von Kaiser Hirohito, unter der sich antidemokratische Ideen und die Ideologie der Oberherrschaft Japans über Asien ausbreiten werden. In China beginnt der Feldzug der Armee unter Chiang-Kai-Sheck. Der Mittlere Osten wird durch den Vertrag von Mosul neu geordnet und in der Türkei versucht Kemal Atatürk durch tiefgehende Reformen Anschluß an den Westen zu finden. In Deutschland war Hitler 1923 zwar vorerst gescheitert, aber seine Ideen breiten sich immer weiter aus. Und der Jahrgang 1926 sollte der erste sein, der vom ersten Schuljahr an nationalsozialistisch geprägt wird, und der letzte, der zum Kriegsdienst eingezogen wird.

Bereits im April 1926, als die Serie der Geborenen mit Kreuzhoroskopen beginnt, zeigt sich das Große Kreuz von seiner aggressiveren Seite. So bei Heinz Neuhaus (Abb. 17), der sich im wahrsten Sinne des Wortes durch das Leben boxen mußte. 1952 wurde er nach 27 siegreichen Kämpfen Europameister im Schwergewicht, verlor den Titel aber 1955 wieder im Kampf gegen F. Cavicchi. Darüberhinaus war er auch mehrfacher Deutscher Meister.

Sein Großes Kreuz beginnt mit dem Wassermann-Mars im 6. Haus, Quadrat Stier-Mond im 10. Haus (dessen Energien sich aufteilen auf Sextil aufsteigender Mondknoten) und Quadrat Jupiter am Deszendenten, Opposition Neptun im 1. Haus (dessen Energi-

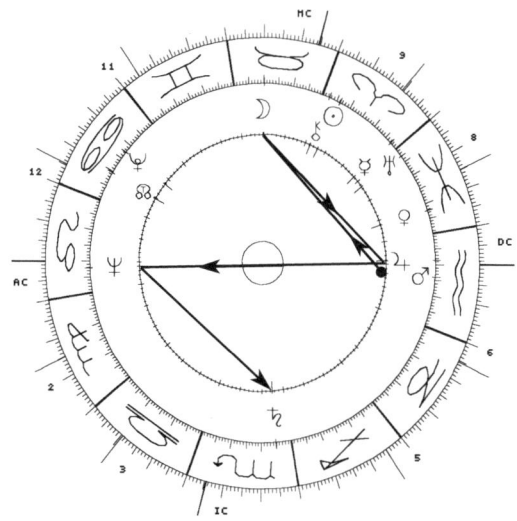

Abb. 17: Heinz Neuhaus

en sich wiederum aufteilen auf Trigon Sonne und Chiron im 9. Haus) und Quadrat rückläufiger Saturn im 4. Haus, gefolgt von Trigon Uranus im 8. Haus.

Daraus könnte man folgern, daß Heinz Neuhaus in seiner Kindheit sowohl Männer (Mars und Jupiter am Deszendenten) als auch Frauen (Mond im 10. Haus) als mächtig erlebt, sich selbst aber mit Neptun am Aszendenten eher als schwach empfunden hat. Da aber gerade neptunisch geprägte Menschen sich in ihren Phantasien ein idealisiertes Bild eigener Größe erschaffen, was hier durch das Trigon zur Sonne im 9. Haus angezeigt wird, erhielt er wohl genügend Antrieb, die durch den rückläufigen Saturn im 4. Haus angezeigten Beschränkungen seiner Familie zu überwinden und sich mit Uranus im 8. Haus wie Phönix aus der Asche zu Ruhm und Ehre »durchzuboxen«.

Ungefähr einen Monat später, am Abend des 12. Mai 1926 um 20:30 Uhr MEZ verübte General Pilsudski in Warschau einen Staatsstreich. Die transitierende Sonne stand auf 21° Stier, am Anfang des Großen Kreuzes aus Neptun, rückläufigem Saturn (auf der Sonne Polens) und Jupiter. Die Regierungskräfte kämpften noch zwei Tage, bis sie am 14. Mai zwischen 19:00 Uhr und 19:15 Uhr MEZ aufgaben. Zu diesem Zeitpunkt stand die Sonne (wie auch in den nachfolgenden Horoskopen) an dritter Stelle des Großen Kreuzes auf 23° Stier am Deszendenten.[32] Hier zeigte sich das Große Kreuz von seiner gefährlichen Seite, denn die Sonne, die als persönlicher Planet beteiligt war, neigt ja zum Handeln. So ist es auch nicht verwunderlich, daß es sich bei dem am 15. Mai 1926 geborenen Jacques Marie (Abb. 18) um einen Mörder und bei dem am 16. Mai 1926 geborenen Wilhelm (Abb. 19) um einen Krebskranken handelt. Bei Jacques Marie stand das Große Kreuz in den Häusern 11-2-8-5 und wieder an der Spitze von 8, bei Wilhelm in 11, Spitze 3, Spitze 9, Spitze 6 und 8 (Chiron-Merkur). Bei beiden haben wir aber auch Biquintile zwischen Jupiter und dem aufsteigenden Mondknoten im 10. Haus und zwischen Uranus (6. bzw. 7. Haus) und Neptun (11. Haus). Ersteres wird das Streben nach Ansehen und Ehre verstärkt, letzteres zu einer Verblendung geführt haben, und beide zusammen werden ihren Teil dazu beigetragen haben, daß sich die Energien dieser Horoskope in Form von Gewalt gegen andere (Jacques Marie) oder gegen sich selbst (Wilhelm) äußerte.

Anders bei den am 15. Mai 1926 in Liverpool geborenen Zwillingsbrüdern Peter (Abb. 20) und Anthony Shaffer, die mit diesem Großen Kreuz in den Häusern 2-4-10-8 zu einem ganz anderen (aber immer wieder beliebten und effektiven) Ausdruck für die in dieser Mischung zu Gewalttaten neigenden Energien gekommen sind. Beide Brüder wandten sich nämlich dem Schreiben zu. Aber während Anthony nur mittleren Erfolg hatte, wurde Peter ein bekannter Dramatiker. Seinen ersten Bühnenerfolg errang er 1958 in *Five Finger Exercise*, in der er harte Kritik an Selbstsucht, Grausamkeiten und den Kommunikationsblockaden einer englischen Familie übte. Viel Beachtung fand *The Royal Hunt of the Sun* (1964), ein episches Drama mit Brechtschen Verfremdungseffekten über die Eroberung des Inkareiches durch Pizarro. Internationale

---

32 Michael Baigent, Nicholas Campion, Charles Harvey: *Mundan-Astrologie: Handbuch der Astrologie des Weltgeschehens* (Wettswil: Edition Astrodata, 1989) p.314ff.

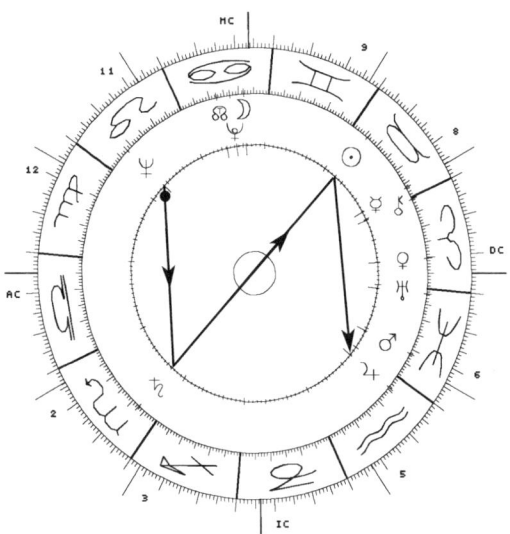

Abb. 18: Jacques Marie

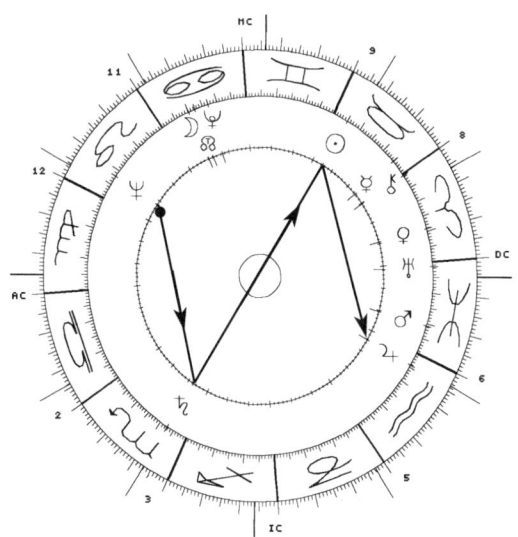

Abb. 19: Wilhelm

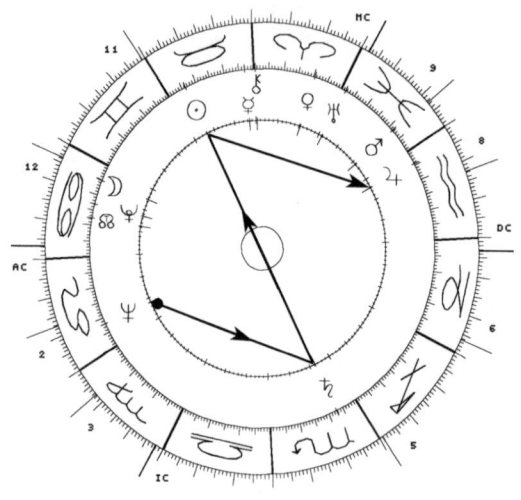

Abb. 20: Peter Levin Shaffer

Anerkennung errang er mit *Equus* (1973), dem Psychogramm eines Pferdefreundes und seines Psychiaters, und vor allem mit dem Stück *Amadeus* (1979), das weltweit auf über 20 Millionen Zuschauer kam. Für das Drehbuch zum Film *Amadeus* erhielt er 1985 einen Oscar.

Ende 1985 wurde sein Stück *Yonadab* uraufgeführt, das ein biblisches Thema aufgreift, im übrigen aber Shaffers typische Leitmotive erkennen läßt. Ein Theaterhit war die Komödie *Lettuce und Lovage* (1987), bei der es um den Sturm zweier resoluter Damen gegen die Verschandelung der Stadt durch graue Architektur geht, und die beschließen, mit Sprengbüchsen gegen die zehn häßlichsten Gebäude vorzugehen, wobei der Autor es offen läßt, ob sie die Attentate tatsächlich durchführen oder sich nur in ihrer lebhaften Phantasie ausmalen. Ein Stück, das die Anlagen seines eigenen Horoskops bestens zum Ausdruck bringt. Ebenso wie die Filme *The Lord of the Flies* und *Balance of Terror*, zu denen er die Drehbücher schrieb.[33]

33 Munzinger Archiv

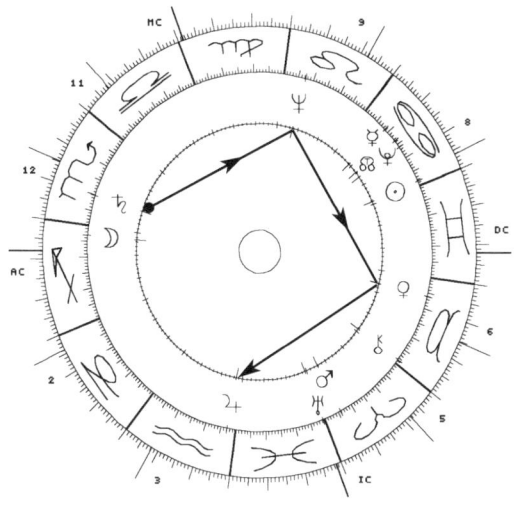

Abb. 21: Arnaldo Pomodoro

Bei den nächsten beiden kosmischen Zwillingen, nämlich dem am 23. Juni 1926 geborenen Metallplastiker Arnaldo Pomodoro und der am 25. Juni 1926 geborenen Dichterin Ingeborg Bachmann war Venus am Großen Kreuz beteiligt. Venus folgte im Skript nach Saturn (rückläufig) und Neptun und reihte sich vor dem rückläufigen Jupiter ein. Bei Pomodoro finden wir dieses Große Kreuz in den Häusern 12-9-6-3, bei Ingeborg Bachmann in 10-8-4-2. Außer der Viererschwingung des Großen Kreuzes bestand bei beiden auch noch eine harmonische Sechserschwingung aus Pluto/nördlicher Mondknoten Trigon Saturn, Trigon Merkur, Sextil Venus. Im Horoskop von Ingeborg Bachmann folgt zudem noch Sextil zu Uranus im 3. Haus, Quadrat Mond im 12. Haus, Opposition Sonne im 6. Haus, Quadrat Mars. Letzterer stand im Widder im 3. Haus eingeschlossen und hatte demnach Schwierigkeiten, zum Ausdruck zu gelangen.

Arnaldo Pomodoro (Abb. 21) war ein in Deutschland wenig bekannter Bildhauer und Designer. Nach dem Studium der Architektur, Bühnenbildnerei und einer Goldschmiedelehre gründete er in

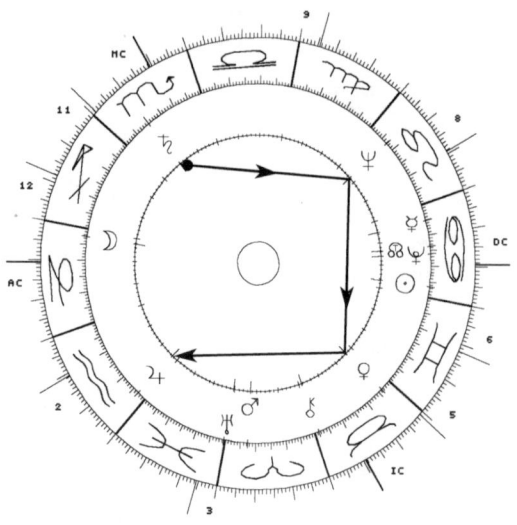

Abb. 22: Ingeborg Bachmann

Pesaro/Italien zusammen mit seinem Bruder Gio und einem weiteren Künstler das Studio 3 P, das später nach Mailand verlegt wurde. Er galt als Vertreter der Informellen Kunst und schuf ab 1960 kugelige und zylinderförmige Metallplastiken mit abstrakten Strukturen und Aushöhlungen. Meist hatten seine Plastiken Bezug zu der Architektur, in deren Nähe sie aufgestellt wurden. Er schuf u.a. den »Grande Disco« (1968, Darmstadt).

Ingeborg Bachmann (Abb. 22) wollte zuerst Musikerin werden und hat auch einiges komponiert. Sie studierte aber Philosophie und promovierte 1950 zum Dr. phil. Großen Einfluß auf ihre geistige Entwicklung übten der Philosoph Ludwig Wittgenstein und der Schriftsteller Robert Musil aus.

In ihrer Dichtung drückt sich melancholisch die Situation der »Nachgeburt des Schreckens« aus, das heißt der um ihre Jugend betrogenen Generation. Ihre Gedichte, in einer merkwürdigen Mischung von Hoffnung, Resignation und Trauer über die Sinnlosigkeit der Welt geschrieben, haben meist reimlose Zeilen.

Außer Lyrik schrieb sie auch Hörspiele, Tanzdichtungen, Essays, Erzählungen, Romane und sogar ein Opernlibretto und wurde mit zahlreichen Preisen ausgezeichnet. Über ihre Erzählungen *Das dreißigste Jahr* und *Jugend in einer österreichischen Stadt* schrieb Lennartz: »Es sind monologische Bekenntnisse des hoffnungslosen Menschen, der gegen unsere unwürdige Zeit rebelliert.« 1971 kam der Roman *Malina* heraus. Hartung nennt ihn in der ZEIT den Roman einer Krise im Doppelsinn des Wortes: als deren Darstellung und als ihr künstlerisches »Produkt«. Danach ist der sich schon früher abzeichnende »Rückzug aus der Welt auf die Innerlichkeit des erzählten oder erzählenden Subjekts in diesem Ich-Roman bis zu einer äußersten Grenze vorgetrieben«. Anfang 1973 erschien noch die Erzählung *Gier* und im Herbst 1973 der zusammen mit Ernst Haas geschriebene Band *Ende und Anfang*. Anfang Oktober 1973 wurde sie mit schweren Brandverletzungen in ihrer römischen Villa aufgefunden. Wahrscheinlich war sie beim Rauchen eingeschlafen. Am 17. Oktober 1973 erlag sie ihren Verletzungen.[34]

In MERIDIAN 3/79 schreibt Walter Böer: *Leid und sensible Störbarkeit im erotischen Bereich sind in dieses »Kreuz« ebenso eingebunden, wie ein Rauschbedürfnis in ständigem Kampf mit ernüchternder Realität, eine Art Sonderleben »im Zwiespalt« zwischen Ideal und Wirklichkeit (...) Zur Diskrepanz des Männlichen und des Weiblichen der Sonne-Mond-Opposition heißt es: (...) Überall in dem erzählenden Werk Ingeborg Bachmanns geht es um die »widerspruchsvolle, von Mißverstehen, Leid und gegenseitiger Zerstörung geprägte Beziehung zwischen Mann und Frau.* In demselben Artikel lesen wir zum Saturn-Quadrat mit Neptun im 8. Haus: *...Rätselhafte, schwer durchschaubare Umstände beim Tod finden wir oft bei solch einer Neptun-Stellung. In einem der unter dem Titel »Todesarten« zusammengefaßten Romane, in »Malina«, beschreibt Ingeborg Bachmann den Tod einer Frau halb verbrannt«. Sie hat damit ihre eigene »Todesart« erahnt.*

In den Vereinigten Staaten äußerten sich die Zeichen der Zeit anders als in Europa. Nach den Erfahrungen des Krieges sonderte man sich von der Welt ab. Im eigenen Land zog sich ein Riß durch die Bevölkerung. Auf der einen Seite stand die konservative Land-

---

34 Munzinger Archiv.

bevölkerung, die immer mehr verarmte, und auf der anderen Seite der Stadtmensch, der von dem stürmischen Aufschwung der prosperierenden Industrie profitierte und die »Roaring Twenties« aus vollem Herzen genoß. Für das Lebensgefühl der USA in dieser Zeit steht die Prohibition, Chicago, die Mafia und der Jazz.

Joachim Ernst Berendt charakterisiert diese Epoche folgendermaßen: *Wer heute auf das Chicago der goldenen Zwanziger Jahre zurückblickt, der sieht vor sich ein verräuchertes, aber dennoch in den Konturen scharfes Bild: Gangsterkneipen und geschmuggelter Whiskey, der schwermütige Zynismus in den Erzählungen von Scott Fitzgerald und die leicht überkandidelte Mode jener Zeit; er hört Charleston und er hört Jazz – für große Orchester und für kleine Gruppen, in hemdsärmeliger Herzlichkeit und mit künstlerischem Anspruch, von Schwarzen und Weißen.*[35]

Fast könnte man dieses T-Quadrat aus Lebensgier (Saturn im Skorpion), Neuerungssucht (Jupiter im Wassermann) und Größenwahn (Neptun im Löwen) für Amerika mit dem Jazz gleichsetzen – die Parallelen sind frappierend. Hören wir daher noch einmal Joachim Ernst Berendt:

Man kann die ganze Jazzgeschichte unter diesem Gesichtspunkt schreiben: dem Streben nach immer größerer Intensität, unterbrochen gelegentlich von einigen Jahren der »Kühle« und Resignation, nach denen der Ansturm auf die nächsthöhere Intensitätsebene jeweils umso kraftvoller von neuem einsetzt. ...

Nichts könnte den Zeitgeist und insbesondere die Spannung, die in dem T-Quadrat des Sommers 1926 lag und die überwunden werden wollte, besser charakterisieren. So ist es nicht verwunderlich, daß in dieser Zeit drei Musiker geboren wurden, welche die Jazzgeschichte entscheidend mitgeprägt haben: der Trompeter Miles Davis, der Klarinettist John Coltrane und der Saxophonist Cannonball Adderley.

Der größte und herausragendste von ihnen war zweifellos Miles Davis (Abb. 23)[36]. Sein Großes Kreuz setzt sich aus Merkur im Stier im 12. Haus, Opposition rückläufiger Saturn im 6. Haus,

---

35 Joachim Ernst Behrendt. *Die Story des Jazz.* (Stuttgart: Deutsche Verlagsanstalt 1975) p.48.
36 Munzinger Archiv

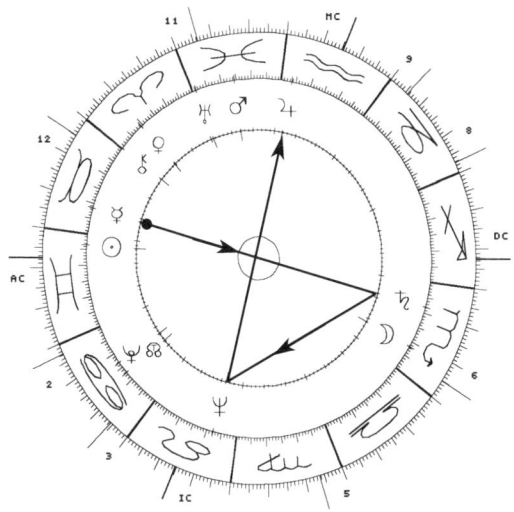

Abb. 23: Miles Davis

Quadrat Neptun im 4. Haus, Opposition Jupiter im 10. Haus zusammen. Allem voran ging Pluto im Krebs im 2. Haus, Trigon Mars in den Fischen im 10. Haus, Trigon aufsteigender Mondknoten im Krebs im 2. Haus und Sextil Merkur; außerdem erhielt Neptun noch ein Trigon von der im 11. Haus im Zeichen Widder eingeschlossenen Venus und ein Biquintil von Uranus in den Fischen im 11. Haus. Mit Pluto, der im 2. Haus auf Wohlstand ausgerichtet ist, als Antriebskraft des Astroskripts und Jupiter im 10. Haus als Ziel vor Augen, blieb ihm wohl gar nichts anderes übrig, als berühmt zu werden. Sein Merkur, der im neptunischen 12. Haus wohl nicht durch die Sprache zum Ausdruck kam, und seiner im künstlerischen 11. Haus eingeschlossenen Venus, die mit Uranus als dritten im Bunde allesamt durch Neptun ihren Ausdruck suchten, wurde die Musik, und wie konnte es in den USA von damals anders sein, der Jazz zu seiner Sprache.

Miles Davis wuchs in einer wohlhabenden musikbegeisterten Familie auf und absolvierte eine klassische Ausbildung an der renommierten Julliard School of Music in New York. Daneben spielte er bereits seit seinem 13. Geburtstag Jazz. Er galt als zentrale Schlüsselfigur des modernen Jazz, auch wenn er keinen eigenen Stil erfand, und wirkte prägend auf viele Stilrichtungen, insbesondere auf den Cool Jazz, den Bebop und den Rock-Jazz. Außerdem war er auch Wegbereiter des »Electric Jazz«. Ab den siebziger Jahren spielte er gleichermaßen in den Tempeln der Rock-Musik wie auf allen Jazz-Großveranstaltungen. Seine unablässig umbesetzten Gruppen wurden zur »Visumsvergabestelle« für den Weg in die große Karriere. Es versteht sich von selbst, daß auch John Coltrane und Cannonball Adderley in seinen Gruppen gespielt haben. Als Komponist schrieb er auch einige Filmmusiken, u.a. zu Louis Malles *Fahrstuhl zum Schafott* (1957).

Aber, wo viel Licht ist, da ist auch viel Schatten. In den Jahren von 1949 bis 1954 war er von Heroin abhängig; auch die Jahre von 1976 bis 1981, in denen er sich völlig von der Bühne zurückgezogen hatte, waren von Drogen- und Alkoholmißbrauch bestimmt. In seiner Biographie *The Eye of Jazz* (1989) wimmelt es nur so von Wörtern wie »bad«, »motherfucker« und »hip«, deren stereotype Wiederholung die inhaltliche Auseinandersetzung mit Zeitgenossen und Musik ersetzt. Alle seine drei Ehen scheiterten und die Vaterschaft an seinem Sohn Miles ist umstritten. Er starb am 28. September 1991 in Santa Monica, wie es heißt, an den Folgen einer Lungenentzündung und eines Schlaganfalls, in Wirklichkeit aber an Aids.[37]

Fast ebenso berühmt wurde der Klarinettist John Coltrane, der von 1956 bis 1959 bei Miles Davis spielte, bevor er sich selbständig machte und eine eigene Richtung fand (Abb. 24). Er wurde zur zentralen Figur für die Entwicklung um 1965. Zwar hatte er sich von den traditionellen Schemata entfernt; doch galt er – gemessen an der Waghalsigkeit Colemans und Taylors – bis dahin als ein Mann der Mitte zwischen den Stilbereichen. Das änderte sich schlagartig, als er im März 1965 anläßlich eines Benefizkonzerts unter dem Titel »New Black Music« seine schwarzen Wurzeln entdeckte, was zu der Aufnahme des Stückes *Ascension* führte, bei dem *die Stimmen der einzelnen Musiker verschmelzen zu Klangfeldern, bewegt durch die vorantreibende Kraft einer entfesselten Rhythmusgruppe; das Ganze erscheint – in seiner bis zum Bersten gesteigerten Intensität – wie*

---

37 *Der Stern* 12/93

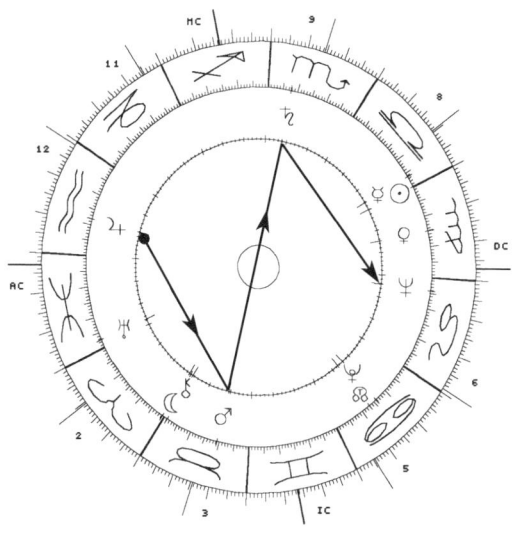

Abb. 24: John Coltrane

ein kollektiver, euphorischer Aufschrei. Es folgten weitere Aufnahmen Coltrane's mit Titeln wie Meditation, Love, Compassion (Erbarmen), Serenity (Klarheit) usw. Sie alle gaben Zeugnis von einer neuen, ins Musikalische übersetzten Spiritualität...[38]

Bei ihm beginnt das Astroskript mit dem rückläufigen Jupiter im 12. Haus, Quadrat Mars im Stier im 3. Haus, (dem durch Sextile auch die Energien von Venus aus dem 7. Haus und dem nördlichen Mondknoten und Pluto aus dem kreativen 5. Haus zufließen), Opposition Saturn im 9. Haus, Quadrat Neptun im 6. Haus, gefolgt von Trigon Mond im Widder und Chiron im Stier im 2. Haus. Aber auch er mußte trotz seines Ruhmes seinen Tribut zollen: die Intensität, die er dem Leben mit aller Gewalt abtrotzen wollte, hatte seine Kraft vorzeitig verbraucht. Er verstarb am 17. Juli 1967 in Huntingdon (USA) an Leberkrebs.

Über Cannonball Adderley (Abb. 25) schweigen sich die Musik-

---

38 Berendt Jazz,:*Die Story des Jazz*. (Stuttgart: Deutsche Verlagsanstalt, 1975) p.136f.

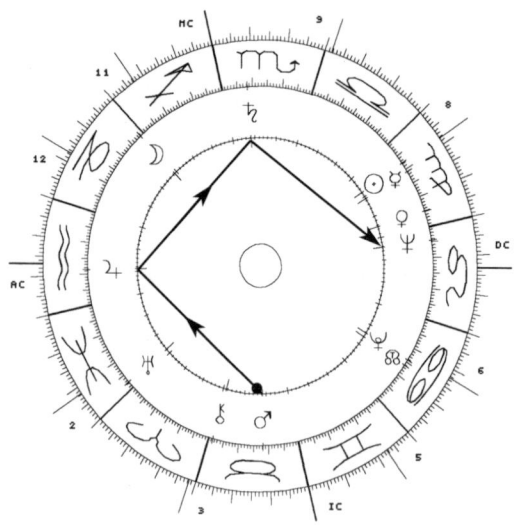

Abb. 25: Cannonball Adderley

lexika weitgehend aus. Meist wird er unter der Rubrik »Tenorsaxophon« als einer von vielen aufgezählt und der Stilrichtung des Hardbop zugerechnet. Immerhin firmierten eine Group, ein Quartett, ein Quintett, ein Sextett, ein Septett und eine Big Band unter seinem Namen. Seine bekanntesten Aufnahmen waren *Bohemia After Dark* (1955/ 56), *Cannonball Adderley's Greatest* (1960/62), *Fiddler on the Roof* (1964), *Mercy, Mercy, Mercy* (1967), *The Black Messiah* (1970) und *The Happy People* (1972).

Sein Astroskript beginnt mit dem aufsteigenden Mondknoten und Pluto im 5. Haus, Sextil Mars im 3. Haus, Quadrat rückläufiger Jupiter am Aszendenten, Quadrat Saturn im 9. Haus, Quadrat Neptun im 7. Haus.

Weshalb er nicht den Rang eines John Coltrane erreichte, trotz der großen Ähnlichkeit mit dessen Horoskop, liegt vielleicht daran, daß bei Coltrane die Energien von Venus, dem aufsteigenden Mondknoten und Pluto dem Mars zufließen und darauf erst eine Opposition und dann ein Quadrat folgt, während sich bei Adderley die Energien des Mars durch ein Trigon auf Merkur und Sonne

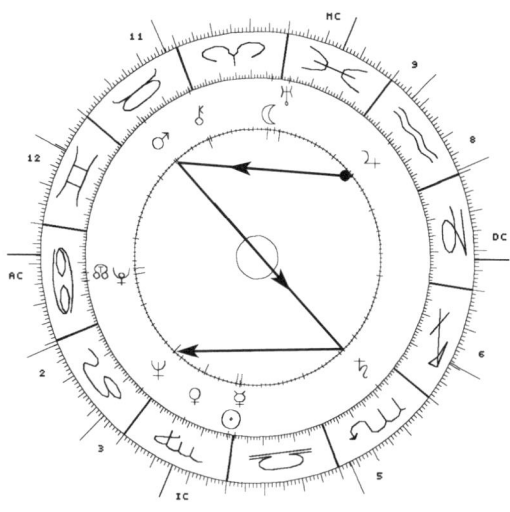

Abb. 26: Donald Glaser

einerseits und durch ein Quadrat auf Jupiter andererseits verteilen und danach zwei weitere Quadrate folgen. Er starb am 8. August 1975 im Alter von 48 Jahren in Gary.

Der Besessenste von den dreien war allem Anschein nach John Coltrane. Die Leidenschaft kann aber auch andere Formen annehmen, wie zum Beispiel bei dem zwei Tage früher am 21. September 1926 geborenen Nobelpreisträger Donald Arthur Glaser (Abb. 26). Er war Physiker und Molekularbiologe und entwickelte die Blasenkammer zum Nachweis von Elementarteilchen und Atomkernen. Das führte schließlich zur Entdeckung neuer Elementarteilchen, wofür er 1960 den Nobelpreis für Physik erhielt. Auch bei Forschern finden wir diese ungeheure Anstrengung und Ausdauer, um eine neue Erkenntnisebene zu erreichen, dieses enttäuschte Abgleiten, wenn ein Versuch das erhoffte Ergebnis nicht gebracht hat, und den erneuten wütenden Ansturm gegen alle Barrieren, mit dem Wunsch, dem Leben seine letzten Geheimnisse abzuringen und auf eine neue Bewußtseinsebene zu gelangen.

Auch sein Astroskript beginnt mit dem rückläufigen Jupiter, bei

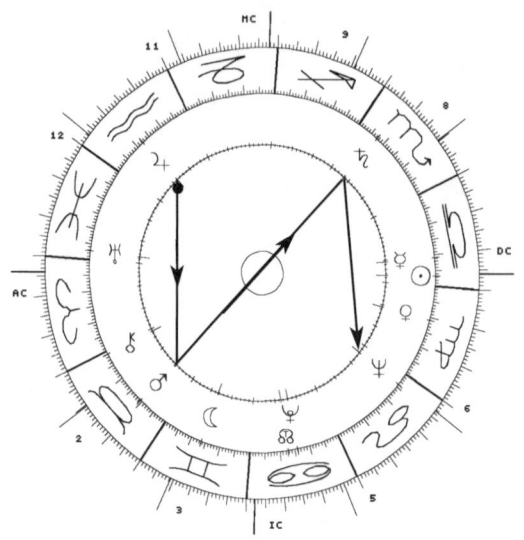

Abb. 27: Julie London

ihm aber im 8. Haus der Grenzerfahrungen, Quadrat Mars im 11. Haus, (dem auch hier die Energien von Venus am IC und dem aufsteigenden Mondknoten und Pluto im 1. Haus zufließen), Opposition Saturn im 5. Haus, Quadrat Neptun im 3. Haus. Bei beiden fällt aber auch die beträchtliche Zahl der Quintile auf: Bei Coltrane Sonne Quintil MC, Mond Quintil Jupiter und nördlicher Mondknoten; bei Glaser Sonne Quintil Pluto und Jupiter Biquintil nördlicher Mondknoten.

Drei Tage nach Coltrane wurde die amerikanische Sängerin und Schauspielerin Julie London (Abb. 27) geboren mit Mond in den Zwillingen im 3. Haus, Trigon rückläufiger Jupiter im 11. Haus, Quadrat Mars im 2. Haus, (der zusätzliche Energie durch ein Trigon von Venus in der Jungfrau im 6. Haus erhielt), Opposition Saturn im 8. Haus, Quadrat Neptun an der Spitze des 6. Hauses. Die Gefühle des Mondes am Anfang des Astroskripts vereinigten sich mit denen Neptuns am Ende durch ein Quintil, was besonders im Blues gefühlvoll zum Ausdruck kam. Bei ihr dürfte die Besessenheit im Streben nach Besitz (Mars im 2. Haus) gelegen haben, weil ihr niemand etwas

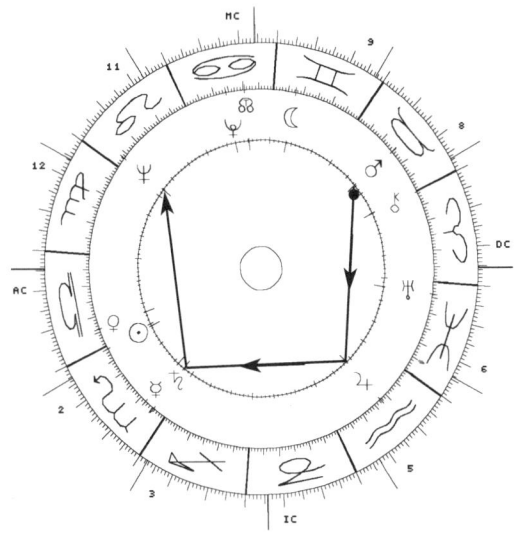

Abb. 28: Robert

umsonst geben wollte (Saturn im 8. Haus), so daß ihr nichts anderes übrig blieb, als selber für ihren Lebensunterhalt zu sorgen, was sie aber mit großer Hingabe tat, wenn sie sich zu einer speziellen Arbeit hingezogen fühlte (Neptun an der Spitze des 6. Hauses).

Ein ähnliches Großes Kreuz wie diese drei findet sich bei Robert (Abb. 28), der Krebs bekam wie John Coltrane. Bei ihm beginnt das Astroskript mit Mars, rückläufig und im 8. Haus, (Sextil aufsteigender Mondknoten und rückläufiger Pluto im 10. Haus einerseits), Quadrat Jupiter im 5. Haus, Quadrat Merkur und Saturn im 2. Haus, (Trigon rückläufiger Uranus im 6. Haus einerseits), Quadrat Neptun im 11. Haus andererseits, gefolgt von Trigon rückläufiger Chiron im Widder im 7. Haus, Opposition Sonne im Skorpion am Ende des 1. Hauses. Selbst wenn auch hier Jupiter im Biquintil zum aufsteigenden Mondknoten und Sonne im Biquintil zu Uranus standen, konnten sie die Plazierung des rückläufigen Mars im 8. Haus und des retrograden Uranus im 6. Haus wohl nicht ausgleichen, so daß ihm schließlich durch die Skriptkette Quadrat auf Quadrat auf Quadrat mit Neptun am Ende die Lebenskraft ausging.

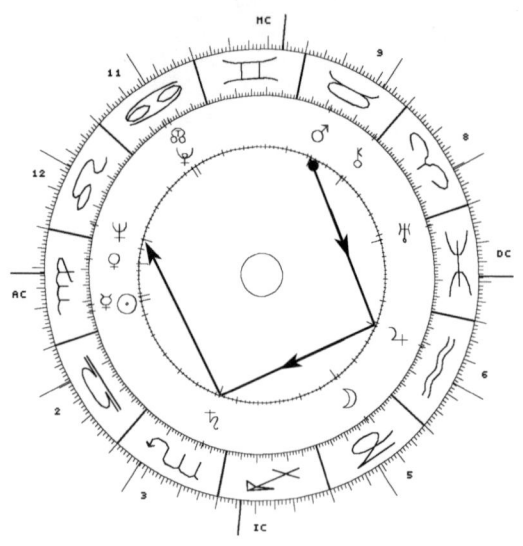

Abb. 29: Willi

Zwei Tage nach Cannonball Adderley wurde der krebskranke Willi (Abb. 29) geboren. Bei ihm beginnt das Astroskript mit dem aufsteigenden Mondknoten und Pluto an der Spitze des 11. Hauses, Sextil Mars im 9. Haus, Quadrat rückläufiger Jupiter im 6. Haus, Quadrat Saturn im 3. Haus, (Sextil Merkur und Sonne im 1. Haus einerseits), Quadrat Neptun im 12. Haus. Mit Pluto an der Spitze des 11. Hauses besteht die Motivation in dem Wunsch, unter Gleichen »gleicher« sein zu wollen, wofür mit Mars im Stier und im 9. Haus sicher auch hart gearbeitet wurde. Durch Jupiter im 6. Haus hatte er sich aber möglicherweise mit schwierigen Chefs herumzuschlagen. Jupiter will ja selber glänzen. Falls Jupiter dies im 6. Haus verwehrt wird, erweist er sich häufig als Faktor für Krankheit, zumal er hier noch durch ein Biquintil von der Sonne und dem aufsteigenden Mondknoten angeregt wird.[39] Das folgende Quadrat zu Saturn im 3. Haus (Sextil Merkur und Sonne im körperlichen

---

39 Sowohl Jupiter im 6. Haus als auch Pluto im 11. Haus findet man häufig bei Menschen mit einer schweren chronischen Krankheit.

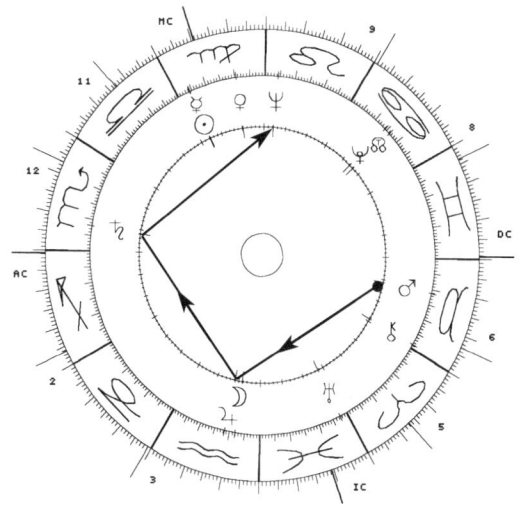

Abb. 30: Carlo Fruttero

Bereich) könnte auf eine gewisse Sprachschwierigkeit oder Probleme mit der Beweglichkeit hindeuten, die dann zum völligen Rückzug führten (Neptun im 12. Haus).

Das gleiche Astroskript aus Mars, Quadrat rückläufiger Jupiter, Quadrat Saturn, Quadrat Neptun haben auch noch die Schriftsteller Michel Butor (14. September 1926) und Carlo Fruttero (19. September 1926), der erste in den Häusern 10-7-4-1; der zweite in 6-3-12-9, eine Plazierung, die man bei Schriftstellern öfter findet. Bei beiden finden sich aber auch auffallend viele Quintile. Bei Butor mit Mond beginnend, gefolgt von Jupiter Quintil Chiron Quintil aufsteigender Mondknoten, was bei Fruttero noch um das Quintil Merkur/Sonne erweitert ist. Außerdem liegt bei Butor noch ein Biquintil zwischen Sonne und MC vor. Es muß sich also um Menschen mit ganz besonderen Gaben gehandelt haben.

Carlo Fruttero (Abb. 30) ist Verfasser gehobener Unterhaltungsromane und Bestseller, die Kriminalistik, Romanze und Satire verbinden. Seit 1970 schrieb er als Co-Autor mit Franco Lucentini unter anderem *Die Sonntagsfrau* (1972), *Wie weit ist die Nacht*

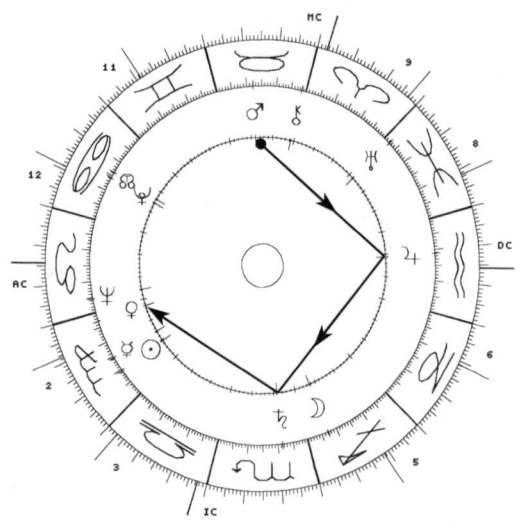

Abb. 31: Michel Butor

(1979), *Der Palio der toten Reiter* (1983), *Der Liebhaber ohne festen Wohnsitz* (1986). Michel Butor ist Philosoph, Philologe, Französischlehrer, Lektor, Kritiker, Lyriker, Hörspielautor und Romancier (Abb.31). Er verwendet eine vielschichtige Schreibtechnik, in der sich Realität, Fiktion und Traum vermischen, so auch in seinen Werken *Der Zeitplan* (1957), *Stufen* (1964) oder *Fluglinien*.

Butor ist offenbar von dem Phänomen der Zeit fasziniert. In seinen Werken geht es um die Fixierung eines träge und unaufhaltsam verrinnenden Zeitstroms, der einen bestimmten Augenblick als Brennpunkt inmitten eines Feldes von Vorstellungen und Wahrscheinlichkeiten wählt.

In seinem Werk *Zeitplan* strebt ein Franzose in England die Annäherung an die englische Gesellschaft an. Über dem Städtchen liegt eine Aura von Mord und Argwohn. Als Versuch einer Annäherung an die Stadt, trägt der Franzose akribisch alles zusammen, was er über den Mord in Erfahrung bringen kann. Aber sämtliche Anhaltspunkte führen in die Irre und er erlebt, daß sich die Stadt dem Kennenlernen widersetzt. Schließlich steckt er sie in Brand,

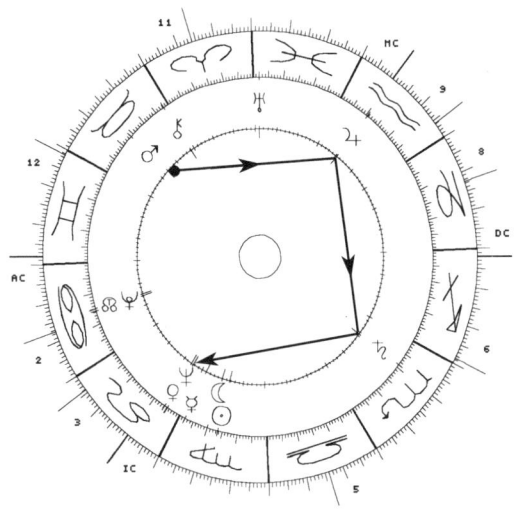

Abb. 32: Claus von Amsberg

was offenbar dem unbewußten Todestrieb der Stadt entgegenkommt.

Das Thema »Zeit« entspricht ganz offensichtlich seinem Saturn im 4. Haus, wo er der Herrschaft des Mondes untersteht. Butors Vorliebe, Kollektive zu untersuchen, ist Jupiter im Wassermann im 7. Haus zuzuschreiben und die ungeheure Akribie der starken Jungfrau-Besetzung mit Venus, Vesta, Merkur und Sonne. Das Thema von Feuer, Tod und Todestrieb liegt, wie auch bei Ingeborg Bachmann, an dem Großen Kreuz in seiner Gesamtheit.

Zu denen, die das Große Kreuz bis heute überlebt haben, gehört der holländische Prinzgemahl Claus von Amsberg (Abb. 32). In seinem Leben gab es aber einen Zeitpunkt, von dem ab er sich sozusagen »totstellte«, indem er in Depressionen verfiel, (übrigens eine bei Plutoniern öfters vorkommende Verhaltensweise, wenn das Leben scheinbar nicht mehr zu ertragen ist). Sein Großes Kreuz besteht aus Mars, eingeschlossen im 11. Haus, Quadrat rückläufiger Jupiter am MC, Quadrat rückläufiger Saturn, eingeschlossen im 5. Haus, Quadrat Venus-Neptun im 4. Haus. Dem

Kreuz vorgeschaltet sind Mond im 4. Haus, Sextil aufsteigender Mondknoten im 1. Haus, Sextil Sonne im 4. Haus, Sextil Pluto an der Spitze des 2. Hauses, Sextil Mars im 11. Haus.

Wenn der nördliche Mondknoten im 1. Haus ihm in diesem Leben die Aufgabe stellt, sein Ego zu entwickeln, so ist das Zeichen Krebs nicht gerade gut dazu geeignet, dem gerecht zu werden. Denn gleichzeitig ist die Hingabe an die Familie gefordert, die außerdem noch Macht und Geld in ihren Händen hält (Konjunktion Pluto an der Spitze des 2. Hauses). Traditionelles männliches Verhalten ist hier nicht gefragt, sondern eine eher weibliche Rolle. Hinzu kommt, daß auch noch die Mond/Sonne-Konjunktion und Merkur im 4. Haus eingeschlossen sind. So trifft hier das Große Kreuz in seiner aufreibendsten Form (Quadrat-Quadrat-Quadrat) mit dem Eingeschlossensein der persönlichen Planeten Sonne, Mond, Merkur und Mars, sowie der Planeten Saturn und Uranus zusammen. Die einzigen Planeten, die frei zum Ausdruck kommen können, sind Venus-Neptun im 4. Haus und im Löwen und Jupiter am MC; diese wiederum werden durch die Rolle des Prinzgemahls zum Ausdruck gebracht. Kein Wunder also, wenn sich Prinz Claus wie ein Gefangener in seiner Rolle vorkommt und sich durch Flucht in die Depression (Venus-Neptun Quincunx Uranus in den Fischen, im 10. Haus eingeschlossen) entzieht.

Das Geschick von Prinz Claus mutet schon fast wie ein umgekehrtes Frauenschicksal an, und so ist es nicht verwunderlich, daß sich die drei Tage vorher in Chicago geborene Alison Lurie (Abb. 33) als Feministin hervorgetan hat. Sie war außerdem Literaturwissenschaftlerin, Bestsellerautorin, Erzählerin, Satirikerin und Autorin von Kindergeschichten. Zu ihren Werken gehören *Liebe und Freundschaft* (1962), *Familienkrieg* (1974), *Affären* (1984), *Die Wahrheit über Lorin Jones*, *Clever Gretchen* (1980) und vor allem *Varna oder die imaginären Freunde* (1967), eine herrliche Satire über die Beziehungen innerhalb einer esoterischen Gruppe.

Bei ihr besteht das Große Kreuz aus Mars im 10. Haus, Quadrat Venus am Aszendenten, Opposition rückläufiger Jupiter am Deszendenten, Quadrat Saturn im 4. Haus, Quadrat Neptun im 1. Haus, also noch ein Quadrat mehr als bei allen anderen. Ihr Astroskript beginnt allerdings mit Sonne im 2. Haus, Sextil aufsteigender Mondknoten und Pluto Ende des 11. und Spitze des 12. Hauses,

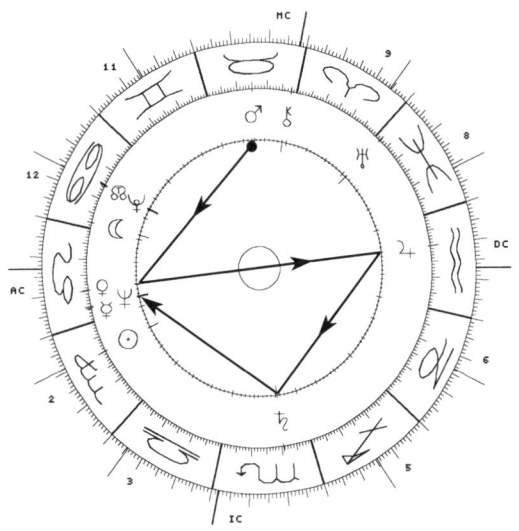

Abb. 33: Alison Lurie

Sextil Mars. Ihre eigenen Wertvorstellungen (Sonne im 2. Haus) und ihr Anspruch, Gleiche unter Gleichen (aufsteigender Mondknoten im 11. Haus) sein zu wollen, wurde wahrscheinlich durch mächtige unsichtbare Kräfte (Pluto an der Spitze des 12. Hauses) hintertrieben, die dafür sorgten, daß der Job, der ihr an sich zustehen würde, von einem Mann besetzt wurde (Mars im 10. Haus), was ihr weibliches Selbstwertgefühl zutiefst gekränkt haben muß (Venus am Aszendenten). So mußte sie es denn mit den Mächtigen (Jupiter am Deszendenten) aufnehmen, sich außerdem von ihrer inneren Vaterfigur (Saturn im 4. Haus) befreien, bevor sie sich – mit Neptun im 1. Haus noch etwas wacklig auf den Beinen – als Schriftstellerin (Merkur) profilieren konnte und letztendlich die Wunde der beruflichen Diskriminierung (rückläufiger Chiron am MC) heilen konnte. Wenn es ihr nicht gelungen wäre, die Verletzung ihres Selbstwertgefühls durch die Diskriminierung als Frau im Schreiben abzureagieren, wäre auch bei ihr mit Mond im Krebs im 12. Haus, Trigon rückläufiger Uranus in den Fischen im 8. Haus, ein krankhafter Ausdruck zu erwarten gewesen.

Auch bei Alison Lurie findet man, ähnlich wie bei Michel Butor, die akribische Beschreibung der Beziehungen innerhalb geschlossener Gruppen, die vorwiegend im Universitätsmilieu spielen und sich teilweise dem Sittenroman im Stile von Jane Austen oder Scott Fitzgerald nähern. In *Foreign Affairs* findet man auch bei ihr das Thema der Annäherung an ein fremdes Land und des Versuchs, Unterschiede in der Mentalität aufgrund verschiedener Kulturen und Geslloschaftsschichten zu überwinden.

Dem Großen Kreuz in den fixierten Zeichen wird eine besonders schlimme Wirkung nachgesagt, da die Ausweglosigkeit des Großen Kreuzes auf die Sturheit der fixierten Zeichen trifft und beide zusammen zu »fixen Ideen«, ja sogar zu einer Art von Besessenheit führen, die den Betroffenen ein für allemal auf »sein Programm« festnageln, ohne Aussicht auf Entrinnen. Der Fähigkeit, berühmt zu werden, scheint das aber nicht entgegenzustehen, eher im Gegenteil: wo stünde die Menschheit ohne die Besessenen?

Wir haben 1926 innerhalb eines halben Jahres also 17 Personen mit einem Großen Kreuz, von denen 13 berühmt wurden. Vier Beispiele wurden lediglich wegen des krankhaften Ausdrucks der beteiligten Energien aufgenommen. Aber auch bei vier Berühmten kam es zu Krebs, Drogenmißbrauch, Aids und Depressionen und in einem Fall zu einem Feuertod. Während ein Großteil des Jahrgangs schon im Krieg dezimiert wurde, starb ein weiterer großer Teil der hier vorgestellten Geborenen bereits Anfang der siebziger Jahre.

Im Ausdruck der beteiligten Energien fanden wir das typisch skorpionisch besessene Anstürmen gegen die gegebenen Verhältnisse, das jupiterhaft übersteigerte wassermännische Rebellieren, die im Löwen manchmal bis zum Größenwahn überhöhte neptunische Verblendung, garniert mit der persönlichen Note im Zeichen Stier. Aber auch das »Sich-Hingeben« an den Tod (Saturn im Skorpion), sei es aktiv oder passiv oder als »Sich-tot-Stellen« in Form einer Depression waren vorzufinden.

Jedenfalls scheint das Große Kreuz in den fixierten Zeichen wesentlich dynamischer zu sein, als man gemeinhin von ihm annimmt. Dafür spricht auch der Jahrgang 1875/1876 mit einem T-Quadrat aus Uranus im Löwen, Saturn im Wassermann und Pluto im Stier, in das Ende 1875 noch Jupiter im Skorpion hineinlief. So wurde am 17. November 1875 während eines Großen Kreuzes aus Jupiter im 5. Haus, Quadrat Mars-Saturn im 8. Haus, Opposition Uranus im 2. Haus, Quadrat Pluto im 11. Haus die Theosophische Gesellschaft gegründet, 12 Tage später, jetzt mit Jupiter am Endpunkt wurde der Theosoph Jinarajadasa (16.12.1875) und am 20.12.1875 der holländische Astrologe A. E. Thierens geboren. Zu den weiteren Berühmten mit diesem Großen Kreuz gehören die Schriftsteller Rainer Maria Rilke (4.12.1875), Jack London (12.1.1876) und Francis de Croisset (22.1.1876) und die im Abstand von zwei Tagen geborenen Politiker Wilhelm Pieck (3.1.1876) und Konrad Adenauer (5.1.1876).

Das Große Kreuz
in den veränderlichen Zeichen

Im Jahre 1903 bildete Uranus im Schützen eine Opposition zu Pluto in den Zwillingen und beide gemeinsam ein Quadrat zu Jupiter in den Fischen. Die Opposition zwischen Pluto und Uranus entsprach dem Gegensatz von Macht und Individuum bzw. Macht und Demokratie, und im gemeinsamen Quadrat zu Jupiter kam der Aspekt der Ideologie und Religion hinzu. Mit Pluto in den Zwillingen nutzten die Machthaber alle Möglichkeiten aus, die ihnen die neuen Massenmedien Radio und Wochenschau boten. Mit dem Schütze-Uranus wurde den Menschen großartige Visionen vorgegaukelt und mit Jupiter in den Fischen Ideologien als Ersatzreligion angeboten. Wenn nun ein persönlicher Planet in dieses Konfliktpotential hineinlief und ein Großes Kreuz komplettierte, wurde der davon betroffene Mensch unweigerlich darin verstrickt und mußte seine ganze Intelligenz einsetzen, wenn er wieder heil herauskommen wollte.

Die Stellung in den veränderlichen Zeichen läßt vermuten, daß die Geborenen die Fähigkeit besaßen, diese Aufgabe nicht auf Biegen und Brechen zu lösen, sondern sich mit viel Geschick aus den Konfrontationen herausgewunden haben. Da sie zwei Weltkriege zu überstehen hatten, haben sie dies durch Opportunismus, plötzliche Kehrtwendungen, Paktieren mit beiden Seiten oder durch Flucht ins Ausland zu lösen versucht. Auf diese Weise werden viele von ihnen zu wahren Über-Lebenskünstlern geworden sein.

Ein Blick in die Zeitgeschichte zeigt für 1903 folgendes Szenario: zwar ist 1902 durch den Frieden von Vereeningen in Südafrika der Burenkrieg zu Ende gegangen. Dafür bahnt sich im Fernen Osten seit der Besetzung der Mandschurei durch Japan im Jahre 1900 der

Russisch-Japanische Krieg (1904–05) an. Am westlichen Mittelmeer spitzt sich die Krise um Marokko immer mehr zu und in Bosnien wird Alexander I. ermordet. Peter I., Kardjordjevic und seine süd-slawische Bewegung finden immer mehr Anhänger. Island löst sich von Dänemark und Panama spaltet sich von Kolumbien ab. Die Union von Schweden und Norwegen steht kurz vor der Auflösung (1905) und Bengalen kurz vor der Teilung (1905). Zur Vorbereitung von und auch zum Schutz vor kriegerischen Verwicklungen werden zahlreiche Bündnisse geschlossen, u.a. die Entente Cordiale zwischen Großbritannien und Frankreich. Auf dem Parteitag in London spaltet sich die russische Sozialdemokratie in Menschewiki und Bolschewiki. In Frankreich kommt es zum Bruch mit dem Vatikan, die Orden werden aufgelöst und die Kirchengüter eingezogen. In Deutschland gibt es neue Zolltarife und der »Brotwucher« empört die Bevölkerung. Rutherford entdeckt die Radioaktivität und den Gebrüdern Wright gelingt der erste Motorflug. Spaltungen einerseits, aber auch Verbündungen lagen in der Luft.

Welche Wirkungen hinterließ dieses Potential bei den betroffenen Menschen? Der am 27. Juli geborene Martin war schizophren und die am 30. Juli geborene Frieda litt an Multipler Sklerose. Bei beiden beginnt das Große Kreuz mit Venus, es folgen Quadrat Pluto, Opposition rückläufiger Uranus, Quadrat rückläufiger Jupiter einerseits, Sextil Mars bzw. Mond und Mars andererseits. Bei Martin (Abb.34) in den Häusern 7-4-10-1 sowie Mars in 8; bei Frieda (Abb.35) in den Häusern 12-9-3-6 sowie Mond und Mars in 1.

Da ein Großes Kreuz normalerweise zentripetal wirkt und die divergierenden Kräfte zu einer Einheit zusammenzwingt, ist sein Vorkommen bei Schizophrenen untypisch. Im veränderlichen Kreuz ist es aber denkbar, daß der Prozeß des Zusammenschweißens mißlingt und sich die beteiligten Kräfte als einzelne Teilpersönlichkeiten manifestieren. Hier scheint eine zu enge Vermischung der beiden Anima-Anteile Venus und Mond, vermutlich durch die Mutter, mit einem häuslichen Klima von Gewalt und Unterordnung (Pluto am IC) zusammengespielt zu haben. Dies dürfte sich derart destruktiv ausgewirkt haben, daß der Geborene nicht in einem Beruf Fuß fassen konnte oder schon von voreherein als verrückt galt (Uranus im 10. Haus), was seinen Selbstwert untergrub (Quadrat zu Jupiter im 1. Haus). Diese Stellung des Jupiter könnte aber auch die Ego-Inflation im Sinne multipler Persönlichkeiten symbolisieren. Mit dem Sextil zwischen Uranus und Mars im 8. Haus traten vermutlich Schübe von Aggression gegen sich selbst oder andere auf, die dann zur Einweisung in eine Anstalt führten.

Bei Frieda beginnt das Astroskript mit der Jungfrau-Venus im 12. Haus. Hier geht es darum, daß die eigene Weiblichkeit nur heimlich, unter Ausschluß der Öffentlichkeit gelebt werden durfte. Jeder Versuch, Venus deutlicher nach außen treten zu lassen, wurde durch eine rigide, die Öffentlichkeit beherrschende Moral (Pluto im 9. Haus) zunichte gemacht. Uranus im 3. Haus könnte sowohl einen ständigen Wechsel von Bezugspersonen oder der Umgebung bedeuten, als auch ein abweichendes Verhalten. Die Opposition zwischen Pluto im 9. Haus und Uranus im 3. Haus deutet auch den Gegensatz zwischen der Ideologie oder Religion der Gesellschaft und einer abweichenden Gruppenideologie oder Glaubensrichtung an. Als optimale Erfüllung bot sich für Frieda also nur das Dienen (Jupiter im 6. Haus und in den Fischen). Mit Uranus im Sextil zu Mond-Mars im 1. Haus wird sie zumindest innerlich dagegen rebelliert haben, was Schuldgefühle in ihr erzeugte, die letzlich in Selbst-Agression mittels Multipler Sklerose mündeten.[40]

Am 3. August wurde der tunesische Politiker Habib Bourgiba (Abb. 36) geboren. Bei ihm finden wir Pluto im 11. Haus, Opposition rückläufiger Uranus im 5. Haus, Quadrat Venus im 2. Haus, Opposition rückläufiger Jupiter im 8. Haus, Venus also an der vorletzten Position.

Mit dem Aszendenten in der Halbsumme von Sonne (Kolonialmacht) und Merkur (Schülerstatus) und Merkur Sextil Pluto am Anfang des Astroskripts, paßte sich Bourgiba anfänglich an die Kolonialmacht Frankreich an. Er studierte in Frankreich und hei-

---

40 Unterdrückte Venus-Energien (Quadrat Pluto oder Mondknoten, dabei Venus oftmals in Konjunktion zu Jupiter) finden sich häufiger bei MS-Kranken. Ähnliche Konstellationen (Venus/Jupiter, Mond/Mars, Beteiligung von Pluto und Uranus) sind bei Frauen anzutreffen, die durch sexuellen Mißbrauch oder aus Enttäuschung über die Männer zu Lesbierinnen geworden sind.

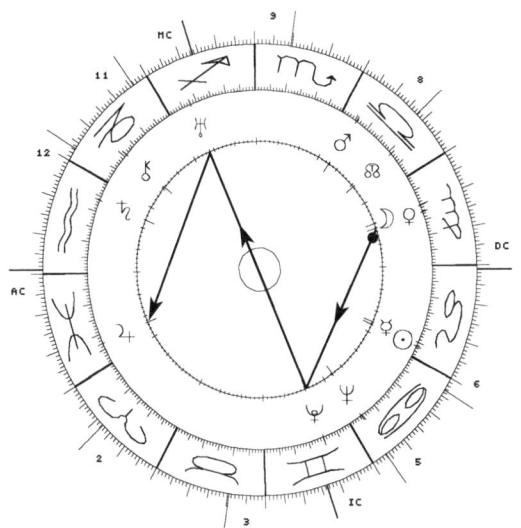

Abb. 34: Martin

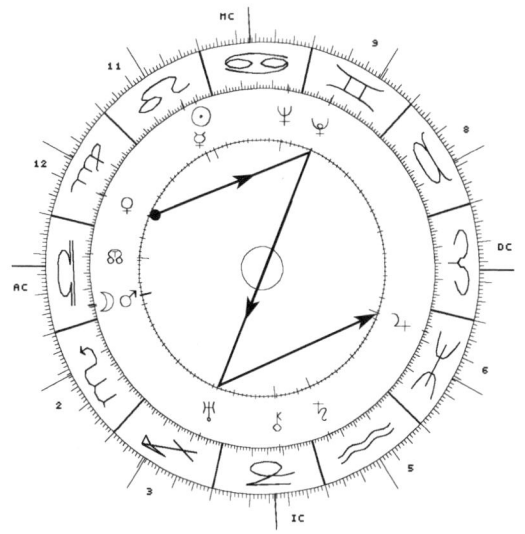

Abb. 35: Frieda

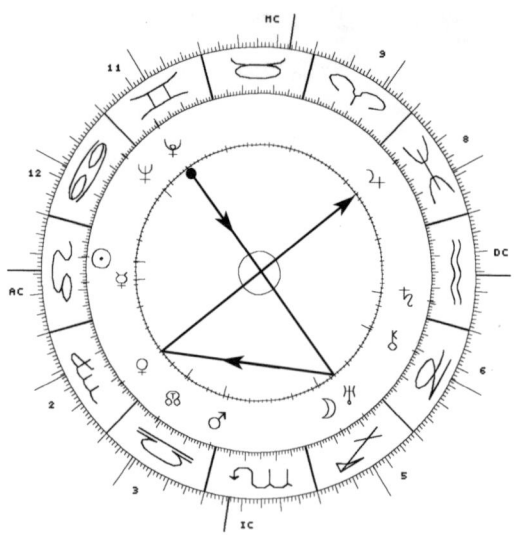

Abb. 36: Habib Bourguiba

ratete eine Französin. Erst, nachdem er sich 1927 in Tunis als Anwalt niedergelassen hatte, erwachte sein politisches Interesse, das ihn natürlich in Konflikt mit der Staatsmacht brachte und ihm einige Gefängnisaufenthalte bescherte. Weil er aber mit Venus in der Jungfrau wohl ein Mensch war, der geordnete Verhältnisse liebte und das veränderliche Kreuz dem Geborenen Flexibilität verleiht, verlief sein Befreiungskampf im Gegensatz zum Nachbarland Algerien sehr gemäßigt und unblutig. Mit Jupiter im 8. Haus am Ende des Astroskripts, (was man bei Politikern übrigens häufiger findet), wurde er am 17. Mai 1956 Regierungschef, am 1. Juni 1959 wurde er zudem auch Präsident der Republik und vereinigte so alle Macht in seinen Händen.

Da es sich bei Tunesien um ein mohammedanisches Land handelt, verdient die Stellung der Venus in seinem Großen Kreuz besondere Aufmerksamkeit. Bourgibas Heirat mit einer Französin war damals nichts Ungewöhnliches. Seine Frau konvertierte zwar zum Islam, sie war aber mit Sicherheit ein Hindernis für die Glaubwürdigkeit seines Befreiungskampfes und für sein Ansehen beim

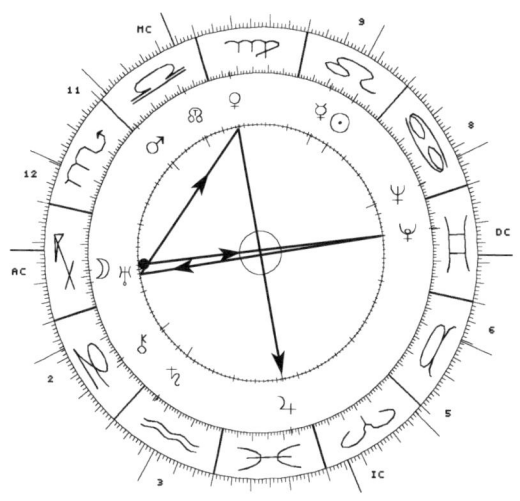

Abb. 37: Ezio Vanoni

Volk. Auch seine zweite Frau Wassila, die offenkundig »weit über das übliche Maß hinausgehenden Einfluß auf ihn ausübte und deren Familie bei allgemein sinkendem Standard immer reicher wurde«,[41] brachte ihm viel Ärger ein. Sie befand sich offenbar in ständiger Rivalität zu Premierminister Mzali, äußerte »verfassungswidrige Ansichten« und hatte angeblich auch Kontakte zum Erzfeind Gaddafi, so daß sich Bourgiba am 11. August 1986 von ihr scheiden ließ und das tunesische Volk bat, ihm diese Hochzeit zu verzeihen.«

Am gleichen Tag wie Bourgiba kam in Morbegno (Italien) der Finanzwissenschaftler und Politiker Ezio Vanoni zur Welt (Abb. 37). Sein Großes Kreuz befand sich in den Häusern 7 (Pluto), 1 (Mond und rückläufiger Uranus), 9 (Venus) und 3 (rückläufiger Jupiter). Jupiter ist also bei ihm aus seiner angestammten Höhe (9. Haus) heruntergestiegen, um sich mit den Angelegenheiten des Alltags (3. Haus) zu befassen. Dieser Stellung verdankt Vanoni

41 wörtlich zitiert aus dem Munzinger Archiv

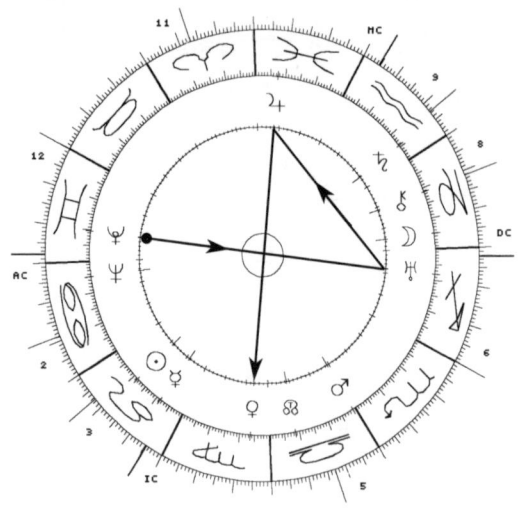

Abb. 38: Claude Autant-Lara

wohl auch seine Karriere als Finanzminister. Er wurde bekannt für die Steuerreform von 1951 und den Zehn-Jahres-Plan für den Aufbau der italienischen Wirtschaft, besonders der Notstandsgebiete in Süditalien (Vanoni-Plan: 1955-1965). Er starb am 16.2.1956 in Rom.

Zwei Tage später, am 5. August 1903, wurde der französische Filmregisseur Claude Autant-Lara[42] und fünf Tage später, am 8. August 1903, wurde Bernhard geboren. Venus stand am Ende beider Astroskripts. Bei Autant-Lara waren die Häuser 12-6-10-4 beteiligt, bei Bernhard 5-11-2-8.

Autant-Lara (Abb.38) arbeitete zunächst als Ausstatter und Kostümdesigner für die Wegbereiter der französischen Filmkunst: Marcel L'Herbier, René Clair und Jean Renoir. Zwischen 1923 und

---

42 Im Munzinger Archiv wird der 05. August 1901 als Geburtsdatum genannt. Sämtliche Film-Lexika, die einer Prüfung unterzogen wurden, nennen das Jahr 1903 als Geburtsdatum, ebenso das IHL, welches sich auf Lescaut bezieht. Dieser entnahm sein Datum der Zeitschrift *L'Astrologue Nr. 14*, die das Standesamt als Quelle nennt.

1927 drehte er dann selbst experimentelle Kurzfilme. Als der Tonfilm aufkam, wechselte er nach Hollywood, kehrte aber 1932 nach Frankreich zurück und drehte 1933 seinen ersten Spielfilm. Der Durchbruch gelang ihm aber erst nach dem Krieg, als er die Autoren Jean Aurenche und Pierre Bost zur Mitarbeit gewinnen konnte. Das Meisterwerk dieses Teams war *Le diable du corps* (1947; »Stürmische Jugend«), die Verfilmung einer Liebesgeschichte zwischen einem siebzehnjährigen Gymnasiasten und einer weit älteren, verheirateten Krankenpflegerin nach einem Roman von Raymond Radiguet, in dem er zum ersten Mal radikal mit einem Tabu gebrochen hatte. Die Qualität dieses Films konnte er später nie wieder erreichen. Lediglich mit *Le journal d'une femme en blanc* (65; »Tagebuch einer Frauenärztin«), einem Film gegen die Abtreibung, zeigte er noch einmal kritisches Engagement. Die Themen beider Filme sind ein guter Ausdruck seines Astroskripts: Pluto Sextil Merkur (der Schüler, das Kind), Trigon rückläufiger Uranus, Quadrat Jupiter im 10. Haus (dem Haus des Ansehens und der Autorität), Opposition Venus (die Frau) im 4. Haus. Als die Nouvelle Vague aufkam, gerieten die Meister des poetischen Realismus zunehmend in Vergessenheit.

Aber 1989 erstaunte Autant-Lara, der bis Mitte der achtziger Jahre als Linker und Pazifist gegolten hatte, die Franzosen, indem er bei der Wahl des Europa-Parlaments in seinem hohen Alter für die Nationale Front kandidierte und auch gewählt wurde. Als er sich aber in der Monatszeitschrift GLOBE zu antisemitischen Äußerungen hinreißen ließ und die einst in Auschwitz internierte ehemalige Präsidentin des Europaparlaments Simone Veil beleidigte, entfesselte er einen solchen Sturm der Entrüstung, daß er am 4. September 1989 von seinem Mandat zurücktreten mußte. Auch dies ist ein nach außen projizierter Ausdruck des in seinem Großen Kreuz enthaltenen Konfliktpotentials.

Bernhard (Abb.39) hatte sich aus kleinsten Verhältnissen zum Eigentümer von zwei Textilgeschäften emporgearbeitet. Auch er war sehr kreativ, besonders in der Fotografie. Diese Kreativität (Pluto im 5. Haus) verband er offenbar mit guten Beziehungen (rückläufiger Uranus im 11. Haus). Seinem Streben nach Besitz (rückläufiger Jupiter im 2. Haus) waren aber Grenzen gesetzt. Ohne den Einsatz der Ersparnisse seiner Frau (Venus im 8. Haus)

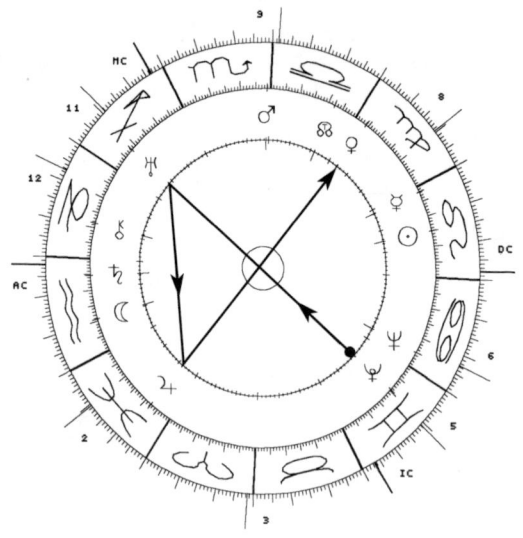

Abb. 39: Bernhard

wäre ihm der Start in die Selbständigkeit nicht möglich gewesen. Aber sein Astroskript zeigt auch eine kollektive Variante. Aus der Opposition von Pluto im 5. Haus und dem rückläufigen Uranus im 11. Haus ist der Gegensatz zwischen den eigenen und den kollektiven Machtansprüchen zu erkennen, die sowohl seine Wertmaßstäbe als auch seinen Besitz bedrohten, der nach seinem Tod in russischer Gefangenschaft am 20. Juli 1944 an seine Frau (Venus im 8. Haus) fiel.

Von ihm wird erzählt, daß er zu einer Gruppe von Menschen gehört haben soll, die ein Frühwarnsystem für den Kardinal von Galen bildeten. Dieses sorgte dafür, daß immer, wenn die Nationalsozialisten den Geistlichen verhaften wollten, so viele Menschen um ihn herum standen, daß sie von einer Verhaftung Abstand nehmen mußten. Den Wahrheitsgehalt dieser Aussage konnte ich zwar nicht nachprüfen, astrologisch gesehen spricht jedoch einiges dafür.

Im Spätsommer 1903 wurde die Venus rückläufig und kehrte im Herbst für kurze Zeit in das Große Kreuz zurück. Während der am

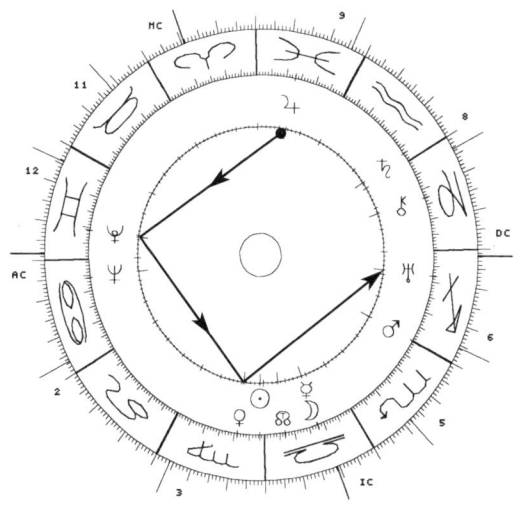

Abb. 40: Alan Villiers

23. September 1903 geborene Australier Alan Villiers (Abb. 40) sein Großes Kreuz aus rückläufigem Jupiter im 9. Haus, rückläufigem Pluto im 12. Haus, rückläufiger Venus im 3. Haus und Uranus im 6. Haus zunächst durch seinen Beruf als Seemann und später durch das Schreiben von Reise- und Abenteuerbücher wie *Tausend bunte Segel* (1952), *Auf blauen Tiefen* (1953) und *Verschollen auf See* (1956) auslebte, wurde der am 4. Oktober 1903 geborene Führer der österreichischen SS Ernst Kaltenbrunner (Abb. 41) zu einer Gefahr für die Menschheit. Er war als Chef der Sicherheitspolizei, des Sicherheitsdienstes und des Reichsicherungshauptamtes maßgeblich an der »Endlösung der Judenfrage« beteiligt und wurde als einer der Hauptkriegsverbrecher 1946 in Nürnberg verurteilt und am 16.10.1946 hingerichtet.

Sein Großes Kreuz besteht aus Mond in Konjunktion mit dem rückläufigen Jupiter im 7. Haus, Opposition zur rückläufigen Venus im 1. Haus, Quadrat zum rückläufigen Pluto im 10. Haus (gleichzeitig Trigon zu Chiron im 5. Haus) und Opposition zu Uranus im 4. Haus. Kaltenbrunners Hauptantrieb lag demnach in

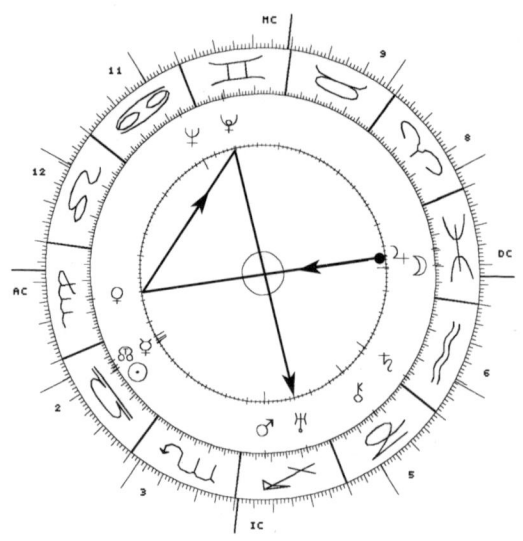

Abb. 41: Ernst Kaltenbrunner

dem ungeheuer großen Wunsch nach Popularität (Mond Konjunktion Jupiter am DC) und Beliebtheit. Ein Mensch mit einer rückläufigen Venus im 1. Haus beurteilt *alles* in seinem Leben danach, wie beliebt er bei anderen Menschen ist, und zeigt sich, ungeachtet seiner sonstigen Anlagen, nach außen auch als besonders liebenswürdig. Bei ihm diente dies möglicherweise dazu, einen sexuellen Minderwertigkeitskomplex zu kompensieren (Trigon Chiron im 5. Haus). Ein solcherart liebenswürdiges Image konnte er sich aber in Gesellschaft der Nazis nicht leisten. Da waren ganze Kerle gefragt! So mußte er sich aus Gründen der Kompensation als besonders hart erweisen und mißbrauchte die ihm gegebene Macht (Pluto im 10. Haus), um seine Heimat bis in die Grundfesten zu erschüttern (Uranus im 4. Haus).

Bei Charles von Belgien, dem deutschen Schauspieler Hans Söhnker, dem italienischen Schriftsteller Leo Ferrero und dem Chemiker Hans-Heinrich Brockmann, die am 10., 11., 16. und 18. Oktober 1903 geboren wurden, ist Venus schon wieder direktläufig. Das Große Kreuz bei Charles von Belgien und bei Hans Söhn-

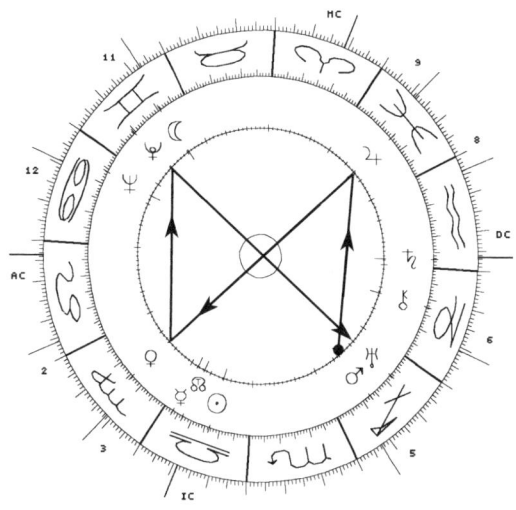

Abb. 42: Charles von Belgien

ker besteht aus Mars im Schützen, Quadrat rückläufigem Jupiter, Opposition Venus, Quadrat rückläufigem Pluto und wieder Opposition Uranus in den Häusern 5, 8, 2, 11 und 5 beziehungsweise. 5, 10, 4, 12 und 6. Bei Ferrero und Brockmann setzt es sich aus rückläufigem Jupiter, Opposition Venus, Quadrat Mars, Opposition rückläufigem Pluto, Opposition Uranus zusammen und befindet sich in den Häusern 3-9-12-6 bzw. 11-5-7-1.

Charles von Belgien (Abb. 42) war der Bruder von König Leopold III. Er hätte ein schönes Leben führen können, wäre Leopold III. nicht nach der Kapitulation der Belgischen Truppen 1940 im Lande geblieben, anstatt wie andere Könige auch, ins Exil zu gehen. Charles war zwar auch in Belgien geblieben, war aber untergetaucht und hatte sich dem Widerstand angeschlossen. Nach der Befreiung durch die Alliierten richtete sich die Stimmung gegen Leopold, der sich daraufhin in die Schweiz zurückzog. Als Übergangslösung wurde Charles am 20. September 1944 zum Regenten ernannt. In den Folgejahren kam es zu erbitterten Auseinandersetzungen zwischen den Anhängern und den Gegnern Leopolds, die das ganze Land zu spalten drohten. Schließlich verzichtete Leopold auf seine Ansprüche zugunsten seines erst 20jährigen Sohnes Baudouin, dem Charles am 11. August 1950 die Amtsgeschäfte übergab.

Danach zog sich Charles wieder ins Privatleben zurück. Man hörte von ihm dann nur noch im Zusammenhang mit familiären Differenzen und von Querelen mit seinem Bankier, Baron Allard, dem er die Regelung seiner finanziellen Verhältnisse anvertraut hatte und dem er später Untreue vorwarf. Allard sagte über ihn: »Der Prinz gab sein Geld unüberlegt aus. Sein Haß auf die königliche Familie, der er bei seinem Tod nichts hinterlassen will, hat zu gefährlichen Finanzmanövern getrieben. Er ist für seinen Ruin selbst verantwortlich.« Die Spannung zwischen dem rückläufigen Jupiter in den Fischen im 8. Haus (fremdes Geld) und Venus am Ende des 2. Hauses (eigener Besitz) und dem machtbesessenen Pluto in den geschäftigen Zwillingen im von Uranus (Kapital) beherrschten 11. Haus in direkter Opposition zum rückläufigen Uranus selbst hatte ihren Ausdruck gefunden. Der Prozeß endete 1972 mit einem Freispruch für Allard. Später besserte sich das Verhältnis zu seiner Familie wieder und als er am 1. Juni 1983 starb, wurde er mit einem Staatsakt beigesetzt.

Privat war Charles bekannt für eine offene Sprache und unkonventionelles Verhalten (Uranus im 5. Haus). Ehrungen und mondänes Leben genierten ihn und er zog sich am liebsten in sein kleines Häuschen am Meer, das er sehr liebte, zurück (Neptun im Krebs, noch im 11. Haus stehend, aber fast schon dem 12. Haus zuzurechnen). Andererseits war er fasziniert von schnellen Autos und verbrachte vor dem Krieg mehrere Jahre in den USA, wo er seinen technischen Neigungen in den Laboratorien und Montagehallen von Henry Ford frönte (Mars und Uranus im fortschrittlichen Schützen und im kreativen 5. Haus). Bis ins hohe Alter widmete er sich der Musik und der Malerei (Quintil zwischen Neptun im Krebs und Venus am Ende des 2. Hauses, die an der Spannung des Großen Kreuzes teilhat). Seine Bilder, die er mit »Karel van Vlaanderen« signierte, wurden immer wieder ausgestellt.

Bei Hans Söhnker (Abb. 43), der in zahlreichen Filmen den jugendlichen Liebhaber spielte und bis in sein hohes Alter hinein Liebling aller Frauen war, würde man ein Großes Kreuz in seinem

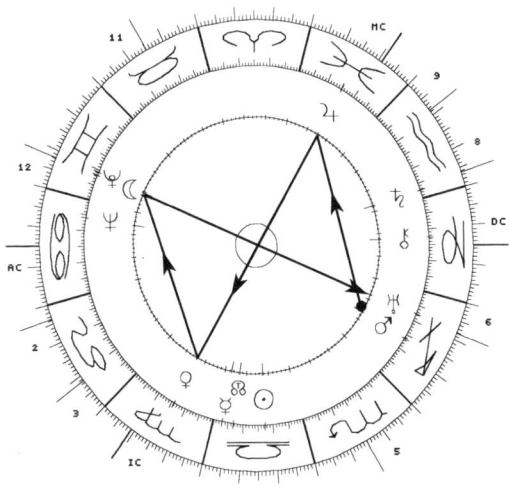

Abb. 43: Hans Söhnker

Horoskop auf den ersten Blick nicht vermuten, schon gar nicht mit Mars und Venus. Aber sehen wir uns sein Großes Kreuz genauer an. Es beginnt mit Mars im Schützen im 5. Haus, Quadrat Jupiter im 10. Haus, also mit der Motivation, seine Männlichkeit in den Dienst der Schauspielerei zu stellen und so zu Ruhm und Ehre zu kommen. Dafür mußte er aber seine eigenen weiblichen Anteile bzw. die Frauen in seiner Privatsphäre (Venus im 4. Haus) verstekken bzw. sogar unterdrücken (Quadrat Pluto-Mond im 12. Haus), um glaubwürdig den abenteuerlustigen Mann darstellen zu können (Ende mit Uranus im Schützen im 6. Haus). Seine erste Ehe hielt diesem Druck offenbar nicht stand; seine zweite Ehe dagegen überdauerte mehr als 20 Jahre bis zu seinem Tode am 20. April 1981 in Berlin. Bei der Pluto-Mond-Konjunktion könnte das aber durchaus eine symbiotische Beziehung gewesen sein.

Anders bei Leo Ferrero (Abb. 44). Mit Mars-Uranus, Opposition rückläufiger Pluto bekommt das Große Kreuz hier eine gefährliche Dimension. So war Ferrero nicht nur Schriftsteller, sondern auch ein erbitterter Gegner des Faschismus. 1928 verließ er Italien

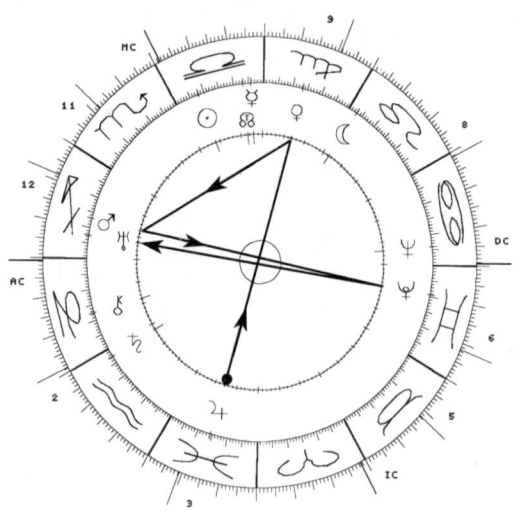

Abb. 44: Leo Ferrero

und ging über Paris und London in die USA. Damit konnte er sein Schicksal aber nicht aufhalten. Es holte ihn am 16. August 1933 durch einen Autounfall ein.

Inwieweit Brockmann (Abb. 45) von den politischen Verhältnissen betroffen war, entzieht sich meiner Kenntnis. Bezeichnend für einen Forscher ist nicht nur die Stellung der Venus im 5. Haus der Kreativität, sondern auch das Quadrat zu Mars. Die Winkel Quadrat oder auch Quincunx zwischen Mars und Venus kommen bei Forschern öfter vor. Sie sind mit ihrem Beruf verheiratet. Schon ein naturwissenschaftliches Studium verschlingt so viel Energie, daß daneben keine Zeit für irgend etwas anderes bleibt, auch nicht für ein Liebesverhältnis. Wenn man also seinen eigenen Mars kaltstellt oder die Kollegen, die einem in die Quere kommen, (Mars im 7. Haus), kann man sich zum Lohn als Kapazität (Pluto im 1. Haus) darstellen, wobei aber Uranus im 7. Haus immer wieder neue Herausforderungen bringt, bevor am Ende die Sonne im 5. Haus in vollem Glanz erstrahlen kann.

Am 19. August 1903 haben wir ein Großes Kreuz mit Merkur am

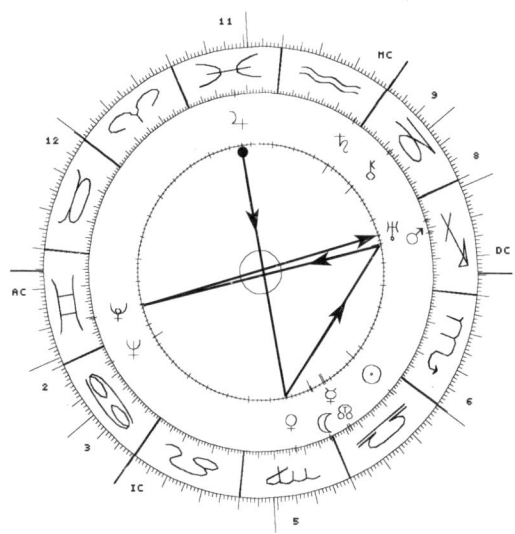

Abb. 45: Hans Heinrich Brockmann

Anfangspunkt, Quadrat Pluto, Quadrat rückläufiger Jupiter, Quadrat rückläufiger Uranus, also die frustrierendste Form, wo Quadrat auf Quadrat auf Quadrat folgt. Allerdings folgt dann noch Trigon Sonne. Bei Isabel Hickey (Abb. 46) sind die Häuser 10, 8, 4, 2 und 9 betroffen. Sie hat mit Pluto an der Spitze des 8. Hauses diese Herausforderung durch ihre Arbeit als Astrologin und, wie könnte es mit Merkur im 10. Haus anders sein, auch als Autorin bewältigt. Sie schrieb die Bücher *Astrology: A Cosmic Science* (1970)[43], *It's All Right* und zusammen mit B. H. Altiers: *Minerva/Pluto, The Choice is Yours* (1973). In Deutschland nur wenigen bekannt, gehörte sie in Amerika zu den großen Pionieren der Astrologie. Sie starb am 17. Juni 1980 um 8:15 Uhr in Watertown MA.

Anläßlich einer Neuauflage ihres Hauptwerkes *Astrology a Cosmic Science* schrieb Ken Gillman 1992: *Es (das Buch) wurde ge-*

---

[43] Deutsche Ausgabe: Isabel Hickey: *Astrologie, eine kosmische Wissenschaft* (Hamburg: Hier und Jetzt Verlag, 1995).

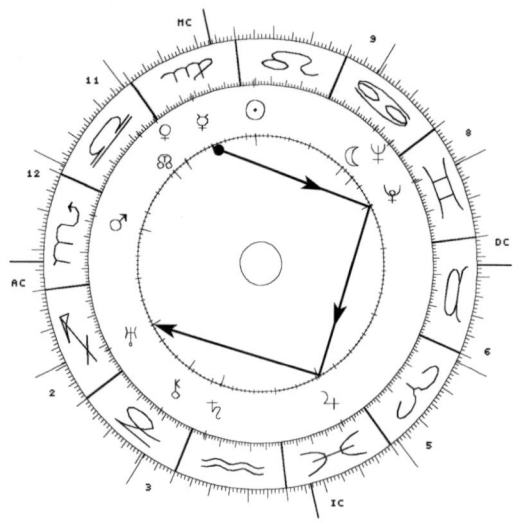

Abb. 46: Isabel Hickey

schrieben von einer weisen und empfänglichen Astrologin, der Lehrerin von vielen der besseren Astrologen von heute ... Isabel Hickey war ungewöhnlich. Sie war eine inspirierte, begabte Astrologin und ebenso eine inspirierende Dozentin und Lehrerin, die die Fähigkeit besaß, ihre auf (Lebens-) Hilfe ausgerichtete Weisheit, die sie durch ihre Studien und das Leben erworben hatte, zu teilen. Sie hielt die Astrologie für ein praktisches Werkzeug zur Selbstentfaltung und für das Verständnis kosmischer Rhythmen und Zyklen. Sie half vielen.[44]

Ebenfalls Autor war der nur um 8 Stunden 45 Minuten später geborene James Gould Cozzens (Abb. 47). Bei ihm steht Merkur im 6. Haus, Pluto im 3., der rückläufige Jupiter im 12., der rückläufige Uranus im 9. und schließlich Sonne an der Spitze des 6. Hauses. Er widmete sich hauptsächlich ernsten Themen, wie z.B. *Ein Schiff geht unter*, *Die Gerechten und die Ungerechten*, *Von Liebe besessen*, schrieb aber auch Kinderbücher wie *Kinder und andere*

---

44 Considerations Vol. VII, No. 4, p.69

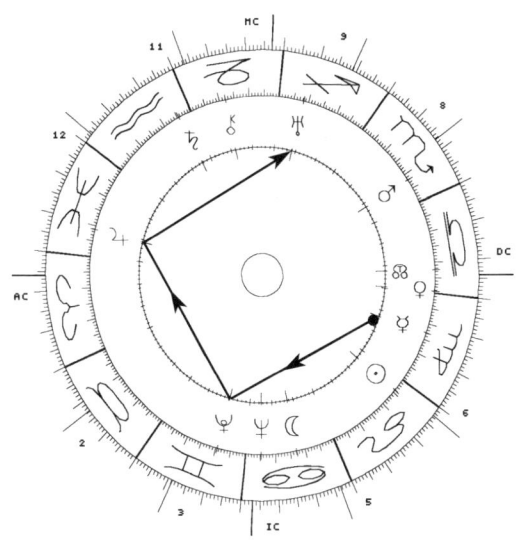

Abb. 47: James Gould Cozzens

Leute. Die meisten seiner Romane fanden keinen großen Leserkreis, aber ein gutes Echo bei den Kritikern: »Cozzens bevorzugte aristokratisch denkende, kontemplative Romanfiguren (Anm. Jupiter im 12. Haus), die in einer irrationalen Welt versuchen, sich einen individuellen Freiheitsraum zu bewahren (Quadrat Uranus), und oft mit verzweifelten Kompromissen, ein Stückchen Ratio zu realisieren«.[45] Da spielte offenbar auch Saturn im Wassermann eine Rolle, der mit Jupiter und Uranus durch Halbquadrate verbunden ist. Sein Roman *Guard of Honor* wurde als bester Roman des Jahres 1948 mit dem Pulitzer-Preis ausgezeichnet. Das Buch *By Love Possessed* wurde 1958 innerhalb von 6 Wochen zu einem Bestseller, der eine höhere Auflage erzielte als alle seine bisherigen Bücher zusammen. 1960 wurde das Werk mit der Howell Medal der American Academy of Arts und Letters ausgezeichnet. An diesen Erfolg konnte er danach nicht mehr anknüpfen. Er starb am 9. August 1978.

45 wörtlich zitiert nach Munzinger Archiv

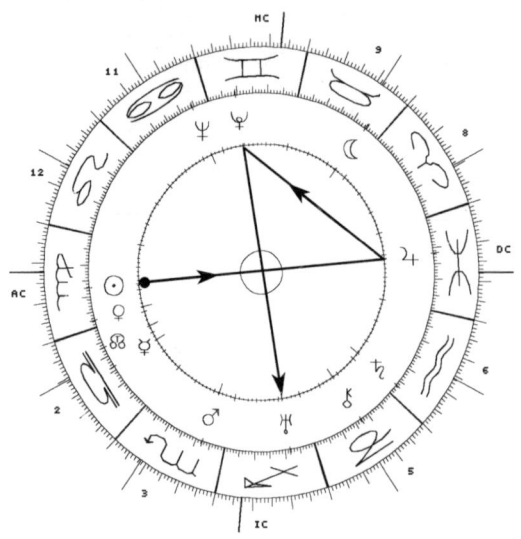

Abb. 48: Theodor W. Adorno

Im September des Jahres 1903 lief schließlich auch die Sonne in das Große Kreuz, gefolgt von der Opposition zum rückläufigen Jupiter, Quadrat Pluto, Opposition Uranus. Der Ausdruck des eigenen Wesenskerns ist hier die Antriebskraft für das gesamte Große Kreuz.

Theodor W. Adorno und Jean Aurenche wurden am 11. September geboren. Bei Adorno (Abb. 48) sind die Häuser 1-7-10-4 betroffen. Seine Themen waren die Durchsetzung seines Ichs (Sonne im 1. Haus) gegenüber den wissenschaftlichen Kapazitäten (Jupiter im 7. Haus) und der Kampf zwischen etablierter Macht (Pluto im 10. Haus) und geistiger Erneuerung (Uranus im 4. Haus). Während der Nazi-Herrschaft entzog er sich den politischen Auseinandersetzungen und emigrierte in die USA. 1966 entwickelte er die »Negative Dialektik« und veröffentlichte 1967 das Werk *Ohne Leitbild*, mit dem er sinnigerweise zur Leitfigur der APO wurde und damit indirekt die im Horoskop angezeigte Macht (Pluto im 10. Haus) bekam, die Bundesrepublik in ihren Grundfesten zu erschüttern (Uranus im 4. Haus). Außerdem veröffentlichte er

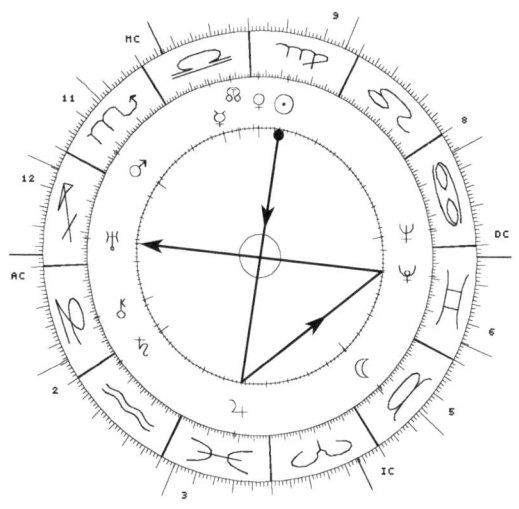

Abb. 49: Jean Aurenche

kunst- und musikkritische Untersuchungen, Lieder und Kammermusik, wofür wahrscheinlich die rückläufige Venus in der Jungfrau zuständig war. Er starb am 6. August 1969.

Bei dem französischen Drehbuchautor Jean Aurenche (Abb. 49) sind die Häuser 9-3-6-12 betroffen. Er arbeitete u.a. mit dem weiter oben beschriebenen Regisseur Autant-Lara zusammen. Beide gehörten zu den Pionieren des neuen Mediums »Film«. Sein Schicksal zeigt sich in aller Deutlichkeit darin, daß er in fast allen Filmlexika lediglich als Fußnote unter dem Stichwort Autant-Lara erwähnt wird. Ein Schöpfer, der voll hinter sein Werk zurücktreten muß, und so gut wie keine Chance hat, außerhalb der Branche berühmt zu werden (Endpunkt des Astroskripts im 12. Haus).

Von der am 10. September 1903 geborenen Heti (Abb. 50) ist mir die Geburtszeit leider nicht bekannt. Sie war eine sehr redselige Frau, die den Menschen dabei immer näher »auf die Pelle« rückte und dadurch sehr unangenehm im Umgang wurde. Auch, wenn jetzt vielleicht Zweifel aufkommen, bleibt die Tatsache bestehen, daß sie ein kosmischer Zwilling von Adorno und Aurenche war.

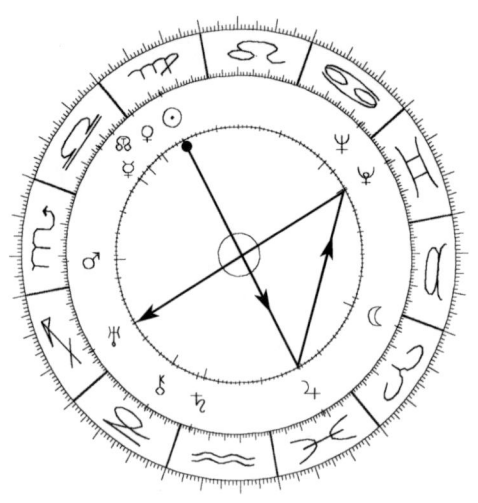

Abb. 50: Heti

Der Grund ist wahrscheinlich darin zu suchen, daß Frauen in der ersten Hälfte unseres Jahrhunderts meistens nicht die Möglichkeit hatten, ihr vorhandenes Potential in sinnvolle Kanäle zu leiten. Heti stammte zwar aus einem wohlhabenden und künstlerisch geprägten Hause. Aber im Gegensatz zu ihren Brüdern, von denen einer Bildhauer wurde, bekamen die Mädchen allenfalls eine Ausbildung als »höhere Tochter«. Ihre Heirat kam einem sozialen Abstieg gleich und Heti zog erst dann zu ihrem Mann, als ihr Elternhaus von den Bomben zerstört worden war und sie eine neue Bleibe brauchte. Sie brachte das gleiche Potential wie bei Adorno und Aurenche zum Ausdruck, allerdings in der Leidensform.

Ihr hervorstechendstes Merkmal war, wie gesagt, ihre Redseligkeit. Merkur bildet in allen drei Horoskopen lediglich eine weite Konjunktion mit dem aufsteigenden Mondknoten. Die Kommunikation und der Interessensausgleich zwischen den Menschen (Waage) gehört also zu den Lebensaufgaben dieser drei Personen. Da Merkur nur noch durch ein schwaches Semisextil mit der Sonne verbunden ist, sonst aber mit keinem Planeten, ferner auch in keiner direkten Halbsumme steht, kann man sagen, daß die Merkur-Energien noch nicht richtig in die Persönlichkeit integriert waren. Im Ringen um den rechten Gebrauch dieser Energien verlegte sich Aurenche auf das Schreiben; Adorno, dem als Mann das Studium ermöglicht wurde, fand in seinen Schülern ein dankbares Publikum, und für Heti, der beide Wege verschlossen waren, blieb nur der verzerrte Ausdruck des Redeschwalls. Sie starb am 14. August 1980.

Dem Großen Kreuz in den veränderlichen Zeichen wird nachgesagt, daß ein davon betroffener Mensch derart beweglich sei, daß er diese Herausforderung ziemlich reibungslos bewältigen könne. Er sei imstande, alles so zu nehmen, wie es komme, und sich flexibel darauf einzustellen.

Das Große Kreuz in den veränderlichen Zeichen verleiht den betroffenen Menschen offenbar große Gewandheit. Die Zeichen Zwillinge und Fische sind ja sowieso schon mehrdeutig. Die Jungfrau strebt zwar nach einer alles umfassenden Ordnung, verzettelt sich dabei aber in allzu viele Einzelheiten. Und der Schütze strebt zwar nach Einheit, hat sie aber selbst nicht, da er ein Zwitterwesen aus Tier und Mensch ist. So fallen diese Menschen von einem Extrem ins andere, als ob sie mitten im Sprung nach vorn zu einem Rückwärtssalto ansetzen, sind nirgendwo zu fassen und winden sich aalglatt überall durch. Bei solch einem aufregenden Leben wirken diese Menschen etwas überspannt und die Gefahr eines Nervenzusammenbruchs ist groß. Trotzdem haben die meisten von ihnen ein hohes Alter von 75 - 80 Jahren erreicht. Auch die Zahl von 15 Berühmten unter 19 Kreuzhoroskopen spricht für sich. Wahrscheinlich haben auch die bei fast allen vorhandenen Quintile ihren Teil dazu beigetragen.

Das Große Kreuz
mit persönlichen Planeten

In den vorangegangenen Abschnitten haben wir Horoskope untersucht, in denen drei kollektive Planeten mit einem persönlichen Planeten ein Großes Kreuz bildeten. Fallbeispiele zu finden, wo umgekehrt drei persönliche Planeten mit einem kollektiven Planeten ein Großes Kreuz ergeben, war dagegen nicht so einfach, jedenfalls nicht bei den Prominenten des Internationalen Horoskope Lexikons. Gab es unter 5632 Prominenten insgesamt nur 456 Kreuzhoroskope, (was einer Rate von 8% entspricht), so entfielen von diesen 456 Horoskopen nur 167 oder 36,6 % aller Kreuzhoroskope auf solche mit zwei oder mehr persönlichen Planeten. Auf die Gesamtzahl aller Prominenten bezogen, sind dies aber nur 2,97 %. Kreuzhoroskope mit drei persönlichen Planeten gab es bei den Prominenten sogar nur 18 (3,9 % aller Kreuzhoroskope).

Wenn man aber bedenkt, daß Sonne und Mond jeden Monat einmal eine Opposition und zweimal ein Quadrat zueinander bilden und Mars bei einer Umlaufzeit von ca. zwei Jahren dreimal während jedes Zyklus für ein paar Tage die Chance hat, mit diesen beiden Lichtern und zudem kurz vorher oder nachher mit Venus und Merkur ein T-Quadrat zu bilden, so müßte die Chance, daß dabei ein Großes Kreuz zustande kommt, viel größer sein als es die obigen Zahlen widerspiegeln. Ich glaube daher, daß es statthaft ist, daraus den Schluß zu ziehen, daß ein Kreuzhoroskop mit mehreren persönlichen Planeten ein echtes Hindernis auf dem Weg zum Ruhm darstellt.

Dies ist auch insofern einleuchtend, als ein T-Quadrat zwischen Mars, Mond und Sonne und/oder Venus bzw. Merkur ja eine bei der Geburt vorgefundene familiäre Atmosphäre widerspiegelt, in

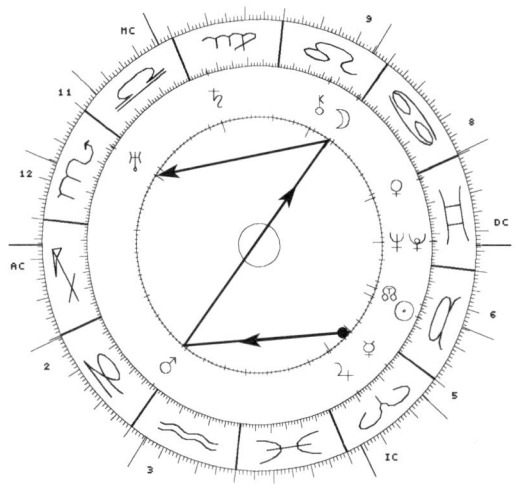

Abb. 51: Manfred v. Richthofen

der sich das weibliche und das männliche Prinzip der Eltern gegenseitig bekriegen oder einer der Elternteile seiner Rolle nicht gerecht wird. Ist Merkur beteiligt, wird auch noch das Verhältnis zu den Geschwistern beeinträchtigt. Mit anderen Worten, ein solches T-Quadrat reflektiert eine dysfunktionale Familie. Was für verheerende Auswirkungen dies auf ein Kind hat, kann als bekannt vorausgesetzt werden.

Auch für die Beschreibung sind solche Horoskope schlecht geeignet, da die beteiligten persönlichen Planeten ja hauptsächlich in der Intimsphäre zum Ausdruck kommen, über welche sich die üblichen Biographien meistens ausschweigen. Deshalb können bei den nachfolgenden Beispielen auch nur die beteiligten Prinzipien beschrieben werden. Beim Großen Kreuz mit mehreren persönlichen Planeten kommt den jeweils daran *beteiligten kollektiven Planeten* eine besondere Bedeutung zu.

Bei Manfred von Richthofen (Abb. 51), einem der bekanntesten Jagdflieger des Ersten Weltkrieges, wo der Kampf zwischen den Fliegern noch als eine Art Sport galt, war es der rückläufige Uranus

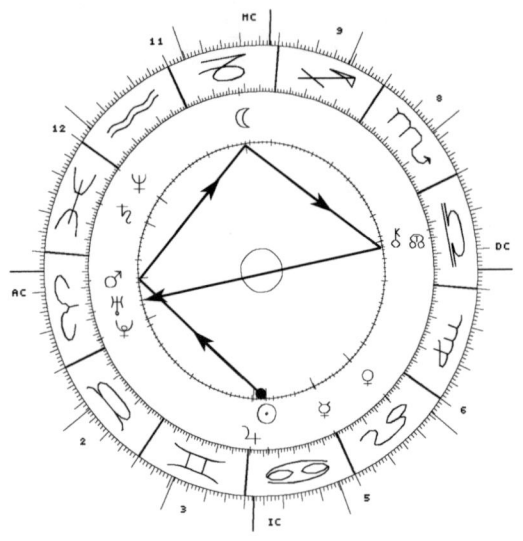

Abb. 52: Charles Gide

am Ende des Großen Kreuzes. Beginnend mit Merkur im Widder an der Spitze des 5. Hauses, Quadrat Mars im Steinbock im 2. Haus, Opposition Mond im Löwen im 8. Haus, Quadrat rückläufiger Uranus im Skorpion im 11. Haus, kann bei ihm ja nur heißen: der ungestüme Bewegungsdrang des Widders wurde durch die Vorsicht des Steinbocks gebremst und zu einem Handeln mit kalkuliertem Risiko modifiziert. Danach mußte noch die Todesangst seiner Mutter überwunden werden, die er anfänglich vermutlich mit einem Lachen beiseite schob, mit zunehmender Erfahrung aber wohl zu seiner eigenen wurde. Erst dann konnte er sich dem Erlebnis des Fliegens hingeben, das in seiner Pionierzeit die Piloten ständig mit dem Tod konfrontierte (Uranus im 11. Haus im Skorpion).

Ein weiterer Pionier mit Uranus am Ende des Astroskripts war Charles Gide (Abb. 52), ein französischer Nationalökonom und Vertreter des Genossenschaftswesens. Er war Mitbegründer der »École Cooperatiste« und schrieb die Werke: *Grundzüge der Nationalökonomie* (1884) und *Der Kooperatismus* (1900). Sein Astro-

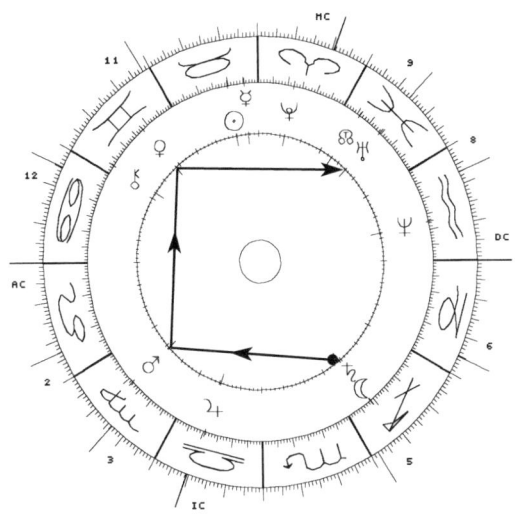

Abb. 53: Hilaire Chardonnet

skript beginnt mit Sonne im Krebs im 4. Haus, Quadrat Mars im Widder am Aszendenten, Quadrat Mond im Steinbock im 10. Haus, Quadrat aufsteigender Mondknoten und Chiron in der Waage im 7. Haus, Opposition Uranus im Widder im 1. Haus. Es ist anzunehmen, daß Gide von klein auf mit schlechten wirtschaftlichen Verhältnissen vertraut war. Bei der Opposition von Sonne im Krebs im 4. Haus zu Mond im Steinbock im 10. Haus, wäre es z.B. denkbar, daß sein Vater nur mühsam von der Landwirtschaft lebte und seine Mutter außer Haus dazu verdienen mußte. Da mußte doch etwas getan werden (Mars im Widder am Aszendenten), man mußte sich gemeinsam anstrengen, sich zusammenschließen, um diese Situation zu heilen (Chiron in der Waage), womit er gleichzeitig der Aufgabe seines nördlichen Mondknotens nach Hinwendung zum Du gerecht werden und trotzdem zum Schluß als der große Reformer in Erscheinung treten konnte.

Um einen Neuerer ganz anderer Art handelt es sich bei Hilaire Chardonnet (Abb. 53). Mit der nur 6 Bogenminuten auseinander liegenden Konjunktion vom Mond und dem rückläufigen Saturn im Schützen im 5. Haus, hatte er vielleicht den »Kummer« seiner Mutter über die schlechte Qualität oder schlechte Eigenschaften der Stoffe – vielleicht auch darüber, daß sie sich teuere Stoffe nicht leisten konnte – so zu Herzen genommen, daß er seine Kraft und seine finanziellen Mittel einsetzte (Quadrat Mars in der Jungfrau im 2. Haus), um sich bei den Frauen beliebt zu machen (Quadrat Venus in den Zwillingen im 11. Haus), und so schließlich die erste großtechnische Erzeugung von Kunstseide, die sogenannte »Chardonnet-Seide« entwickelte. (Uranus am aufsteigenden Mondknoten im 9. Haus). Interessant ist in diesem Horoskop außerdem, daß sich Uranus, der Erfinder, in den Fischen und Neptun, der u.a. auch für Chemie steht, im Wassermann befinden, also in Resonanz zueinander stehen. Chardonnet erlebte noch die Rückkehr des Uranus auf seinen Platz im Radix-Horoskop. Das bedeutete, daß Uranus vorher fast zwei Jahre lang über sein Großes Kreuz transitiert war. Seine Zeit war abgelaufen. Auch seine finanzielle Lage hatte sich verschlechtert. Verzweifelt versuchte er, Geld aufzutreiben, um seine Wechsel zu bezahlen. Als aber dennoch einer platzte, erschoß er sich am 12. März 1924[46].

Die Beteiligung von Neptun führte in allen drei Fällen zu einem künstlerischen Ausdruck. Dabei war es unerheblich, auf welcher Position sich Neptun befand.

Bei Theun de Vries (Abb. 54), einem holländischen Journalisten, Lyriker und Romancier, stand Neptun zusammen mit Jupiter am Anfang im Krebs an der Spitze des 11. Hauses, Quadrat Merkur im Widder im 8. Haus, Quadrat Mars-Uranus im Steinbock an der Spitze des 5. Hauses, Quadrat Mond in der Waage im 2. Haus. Aber de Vries war auch aktiver Kommunist und Widerstandskämpfer und landete im KZ. Neben Gefühlslyrik schrieb er auch Werke wie *Der Frauenesser* (1976) und die *Blinde Venus* (1980). Bei dieser Art des Ausdrucks darf das Quintil zwischen Merkur und Pluto in den Zwillingen, der im 10. Haus eingeschlossen war, und dessen Quadrat zu Saturn in den Fischen im 7. Haus, nicht übersehen werden.

Ein weiteres Beispiel ist der holländische Fayence-Maler und Lyriker Matthias Kemp (Abb. 55). Venus stand im 5. Haus im

---

46 Zeitschrift BRIGITTE 10-93 p.44.

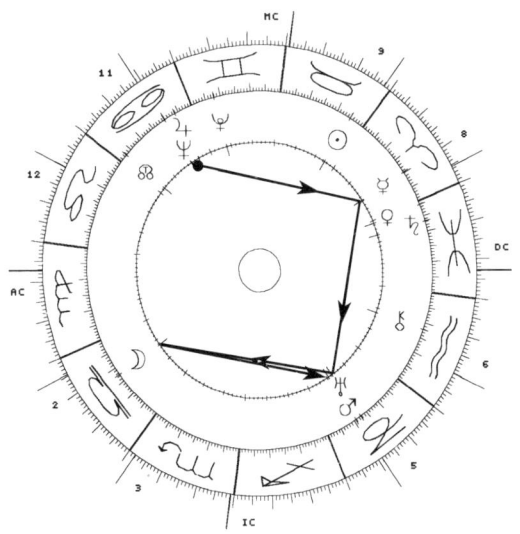

Abb. 54: Theun de Vries

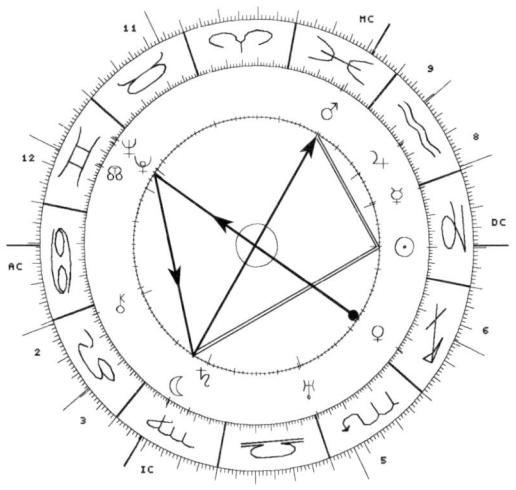

Abb. 55: Matthias Kemp

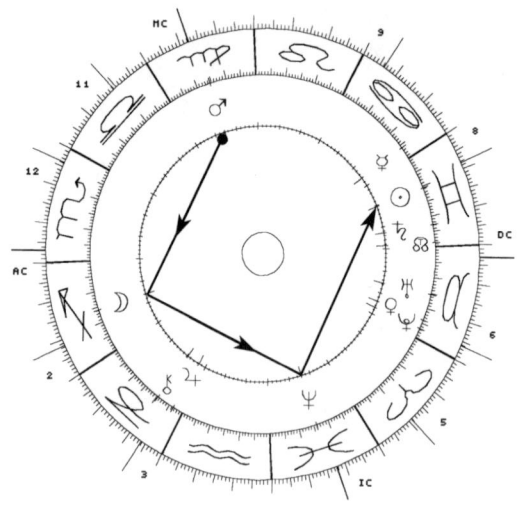

Abb. 56: François Curel

Schützen am Anfang in Opposition zu Neptun und Pluto, die beide rückläufig waren, im 11. Haus in den Zwillingen, Quadrat Mond in der Jungfrau am IC und unter Umgehung der Opposition zu Mars, Trigon Sonne im Steinbock am Deszendenten, Sextil Mars in den Fischen am MC. Abgesehen davon, daß ein Großes Kreuz in den veränderlichen Zeichen offenbar leichter zu handhaben ist, wird es in diesem Fall auch noch durch Biquintile von Uranus und Sonne zu Neptun-Pluto und von Venus zum Aszendenten entschärft.

François Curel (Abb. 56), Dramatiker und Romancier, hatte Neptun an vierter Stelle des Astroskripts, welches mit Pluto-Venus im Stier an der Spitze des 6. Hauses, Trigon Mars in der Jungfrau am MC begann und über Quadrat Mond im Schützen im 1. Haus, Quadrat Neptun in den Fischen am IC zur Sonne in den Zwillingen an der Spitze des 8. Hauses führte. Kein Wunder, daß er psychologische Dramen schrieb wie *La fille sauvage* (Das wilde Mädchen), in dem es um ein Pygmalion-Thema geht (Pluto-Venus), wo einer afrikanischen Häuptlingstochter durch die Erziehung in

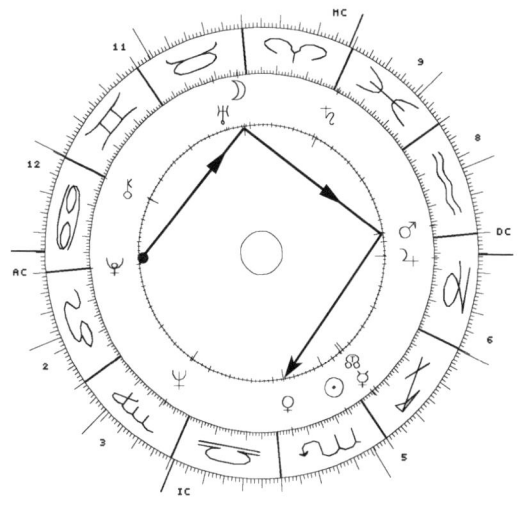

Abb. 57: Lothar Späth

Frankreich eine neue Identität aufgezwungen werden soll. Aber auch hier steht das Große Kreuz in den veränderlichen Zeichen und wird durch nicht weniger als vier Quintile bzw. Biquintile entschärft.

Sobald Pluto als kollektiver Planet beteiligt ist, kommt es offensichtlich nicht darauf an, ob dieser am Anfang oder am Ende der Skriptreihe steht, falls er in der aktiven Version gelebt wird. Seine Macht zu beweisen (am Anfang) oder die Macht in die Hand zu bekommen (am Ende), kann offenbar einen Menschen zu großen Leistungen herausfordern, aber passiv, auf weibliche Art gelebt, auch zu großen Untergängen führen.

Der ehemalige Ministerpräsident von Baden-Württemberg Lothar Späth (Abb. 57) wurde durch das Gefühl eines Makels zum Ehrgeiz angestachelt. Er soll es stets als Mangel empfunden haben, daß er das Gymnasium in Heilbronn noch vor dem Abitur abgebrochen hatte. So etwas kränkt den Stolz eines rückläufigen Plutos auf 0° Löwe im 1. Haus am Anfang eines Großen Kreuzes. Es läßt ihm keine Ruhe, bis er es zu etwas gebracht hat und es

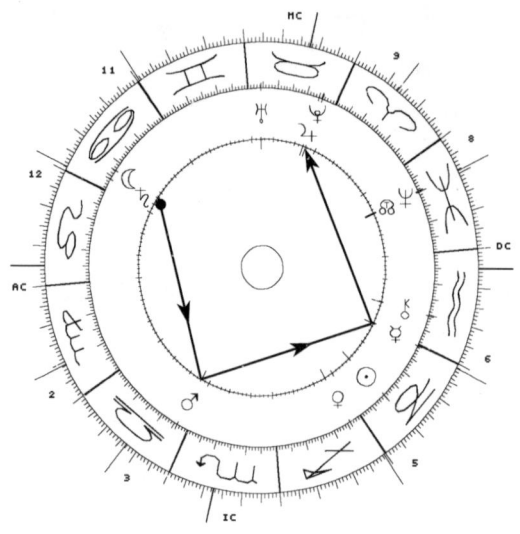

Abb. 58: Hermann Oppenheim

allen gezeigt hat. Und so mobilisiert er alle Kräfte des Großen Kreuzes: Quadrat Mond im Stier im 10. Haus und Quadrat Mars im Wassermann im 7. Haus, um zu seinem Ziel »Venus im Skorpion im 4. Haus« zu kommen, was man mit dem Sich-Wohlfühlen als Herr im Haus und dem Genuß der damit verbundenen Annehmlichkeiten und Vorteile übersetzen kann, womit er später aber sein Amt verspielte.

Bei Hermann Oppenheim (Abb. 58), einem deutschen Neurologen, der über Rückenmarkserkrankungen, Multiple Sklerose, Muskelerkrankungen und traumatische Neurosen (Oppenheimersches Phänomen) arbeitete, stand der rückläufige Pluto am Ende des Großen Kreuzes, zusammen mit Jupiter, im 9. Haus. Auch er wollte es wohl allen zeigen und wurde so zu einer großen medizinischen Kapazität. Sein Ausgangspunkt war aber Mond im Krebs in Konjunktion mit dem rückläufigen Saturn am Ende des 11. Hauses. Er hatte wohl solche traurigen Fälle hautnah erlebt und wollte aktiv werden (Quadrat Mars in der Waage im 3. Haus), um durch medizinische Forschung (Merkur im Wassermann im 6. Haus) als

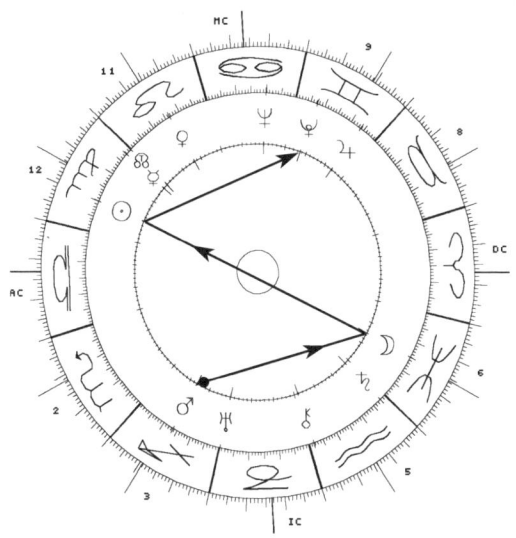

Abb. 59: Claudette Colbert

großer Heiler und Wohltäter der Menschheit (Pluto und Jupiter im 9. Haus) herauszukommen.

Auch bei der Schauspielerin Claudette Colbert (Abb. 59) war das Ziel Pluto im 9. Haus. Mit Mars im Schützen im 3. Haus am Anfang, Quadrat Mond in den Fischen im 6. Haus, Opposition Sonne in der Jungfrau im 12. Haus, Quadrat Pluto in den Zwillingen im 9. Haus ging es vermutlich um die Überwindung von Armut (Mond im 6. Haus) und eines »Aschenputteldaseins« (Sonne im 12. Haus).

Eine Beteiligung von Saturn am Großen Kreuz handelt offenbar von Einschränkungen, die man überwinden möchte, aber nicht kann, wenn dieser Planet am Endpunkt steht. Diese Konstellation hat z.B. Henri Rabaud (Abb. 60). Saturn steht am Ende eines Großen Kreuzes aus Mars im Steinbock im 4. Haus, Quadrat Venus in der Waage im 1. Haus, Quadrat Mond im Krebs im 10. Haus, Quadrat rückläufiger Neptun im Widder im 7. Haus, Quadrat Saturn im Steinbock im 4. Haus. Rabaud war 20 Jahre lang Direktor des Konservatoriums von Paris, wo er sowohl die Qualitäten von Mond im Krebs im 10. Haus als auch die von Mars und Saturn im

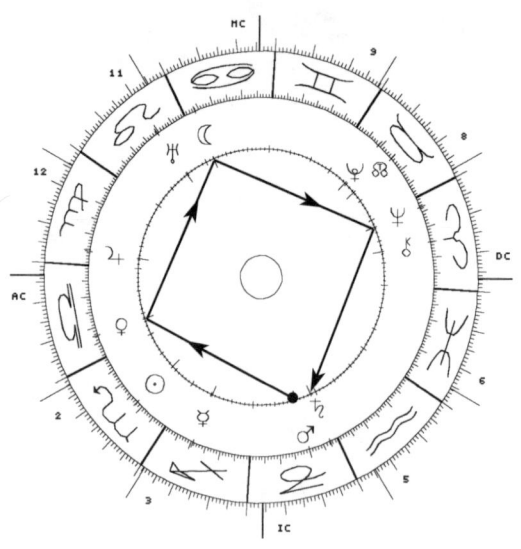

Abb. 60: Henri Rabaud

4. Haus einsetzen konnte. Aber das Konservatorium hielt ihn offenbar so fest im Griff, daß er sich die Zeit für seine Auftritte als Dirigent des Symphony Orchestra Boston (Neptun im Widder im 7. Haus) und für seine eigene künstlerische Tätigkeit (Venus in der Waage) wohl regelrecht stehlen mußte. Trotzdem schaffte er es, fünf Opern, zwei Symphonien, Oratorien und Bühnen- und Filmmusik zu schreiben. Da dieses Große Kreuz sowohl in den kardinalen Zeichen als auch in den kardinalen Häusern stand, muß sein Anspruch, etwas Weltbewegendes zustande zu bringen, riesengroß gewesen sein. Man kann sich lebhaft vorstellen, wie er vom Unterrichten zum Komponieren, weiter zur administrativen Tätigkeit als Direktor, von dort ans Dirigentenpult und dann wieder in sein Konservatorium eilte, welches ihn einfach nicht losließ. Ohne zusätzliche Quintile zwischen Venus und Uranus beziehungsweise Mond und nördlichem Mondknoten und ohne die Fähigkeit, die Spannungen dieses Kreuzes wenigstens teilweise in Musik umzusetzen, wäre er wohl kaum in der Lage gewesen, diesem enormen Druck standzuhalten.

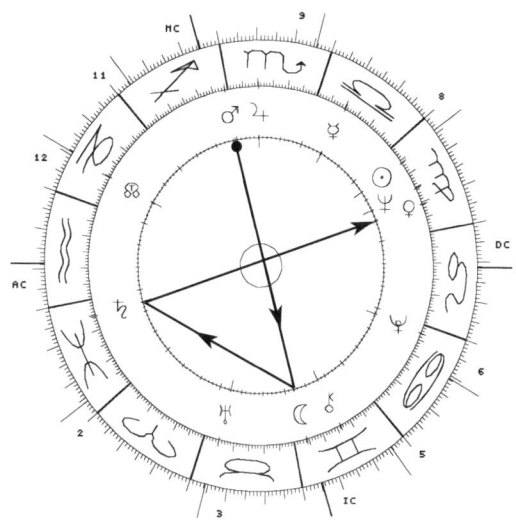

Abb. 61: Ken Kesey

Der Schriftsteller Ken Kesey (Abb. 61) hat ein Großes Kreuz aus Mars im Schützen im 9. Haus, Opposition Mond in den Zwillingen am IC, Quadrat rückläufiger Saturn in den Fischen im 1. Haus, Opposition rückläufige Venus in der Jungfrau im 7. Haus. Die Thematik seines Großen Kreuzes kam insbesondere in seinem Werk *Einer flog über das Kuckucksnest* (1962), das ihn berühmt gemacht hatte und später auch verfilmt wurde, zum Ausdruck. Es ging darin um die Selbstbehauptung des Einzelnen und das Sich-Besinnen auf die persönliche Größe (Mars im Schützen im 9. Haus) gegenüber Bemutterung (Mond am IC) und abhängig machenden Institutionen (Saturn in den Fischen). Hierbei spielte insbesondere die Angst, in den fürsorglichen Armen einer Frau zu landen, (rückläufige Venus in der Jungfrau im 7. Haus am Ende) und sich ihr unterordnen zu müssen, eine Rolle.

Sind Saturn *und* Pluto an dem Großen Kreuz beteiligt, wird die Sache offenbar gefährlich. Helene hatte zum Beispiel ein Großes Kreuz aus Saturn am Ende des Löwen im 8. Haus, Quadrat rückläufiger Mars im Schützen im 11. Haus, Quadrat Mond in den

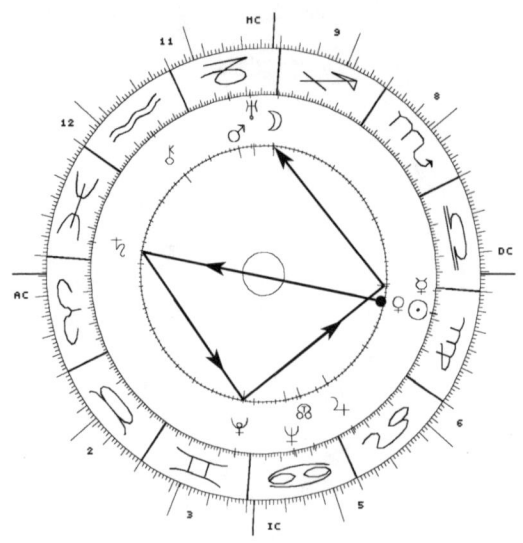

Abb. 62: Alfred Delp

Fischen im 2. Haus, Quadrat rückläufiger Merkur in Konjunktion mit Neptun und Pluto im 5. Haus. Das Ergebnis war Multiple Sklerose. Denkbar wäre hier ein gewaltsames Ereignis als Ursache.

Der Jesuitenpater Alfred Delp (Abb. 62), der sich auf Veranlassung seines Provinzials dem Widerstand gegen Hitler anschloß, hatte ein Großes Kreuz aus Sonne-Venus in der Jungfrau im 6. Haus, Opposition rückläufiger Saturn im 12. Haus, Quadrat Pluto in den Zwillingen im 3. Haus (er war der älteste von 6 Geschwistern), Quadrat Merkur in der Jungfrau im 6. Haus, Quadrat Mond im Schützen am MC, was durch rege Vortragstätigkeit zu Themen des 6. Hauses wie soziale Gerechtigkeit, Eigentumsbildung in Arbeiterhand, Familienlohn und Sozialpflichtigkeit des Eigentums zum Ausdruck kam. Nach dem Attentat auf Hitler wurde er am 28. Juli 1944 verhaftet und dort um den 15. August 1944 herum »streng verhört«. Im Prozeß vor dem Volksgerichtshof unter Roland Freisler wurde er am 11. Januar 1945 zum Tode verurteilt und am 2. Februar 1945 zusammen mit Goerdeler und Popitz in Berlin-Plötzensee gehängt.

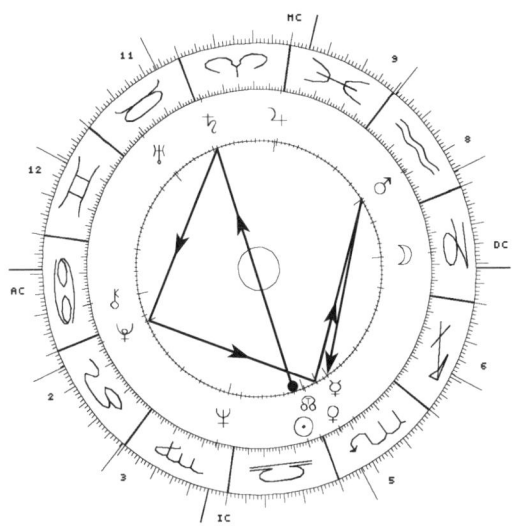

Abb. 63: Lee Harvey Oswald

Bei Lee Harvey Oswald (Abb. 63), der im Verdacht stand, John F. Kennedy erschossen zu haben und selber ermordet wurde, bevor er etwas aussagen konnte, besteht das Große Kreuz aus Sonne in der Waage, im 4. Haus eingeschlossen, Opposition rückläufiger Saturn im Widder, zusammen mit dem absteigenden Mondknoten im 10. Haus eingeschlossen, Quadrat Pluto im Löwen an der Spitze des 2. Hauses, Quadrat Venus im Skorpion an der Spitze des 5. Hauses, Quadrat Mars im Wassermann im 8. Haus, Quadrat Merkur im Skorpion im 5. Haus, Sextil Mond im Steinbock im 7. Haus. Außerdem bestanden noch Quintile bzw. Biquintile zwischen Mond und MC, Saturn und Aszendent, Venus und Jupiter und rückläufigem Uranus und Pluto. Dieses Astroskript ist so komplex, daß es kaum möglich scheint, es zu deuten. Ich will es aber trotzdem versuchen: mit Sonne in der Waage im 4. Haus liebte er ein stilvolles eigenes Heim, aber mit dem rückläufigen Saturn im 10. Haus traf er auf Schwierigkeiten im Beruf. Mit einem absteigenden Mondknoten im 10. Haus stand ein Beruf vielleicht auch gar nicht auf seinem Lebensplan. Am liebsten hätte er sich wohl von der Mutter durchfüttern lassen (Mond Quintil MC). Geld wollte er aber auf jeden Fall haben (Pluto im Löwen im 2. Haus), um sich Frauen und ein schönes Leben leisten zu können (Venus im Skorpion an der Spitze des 5. Hauses). Zu diesem Zweck war er wohl auch bereit, zu töten (Mars im Wassermann im 8. Haus entspricht einer Kombination der Energien von Mars, Uranus und Pluto), wodurch er aber nicht mehr der kleine Junge sein konnte (Quadrat Merkur im Skorpion im 5. Haus), der oder den Mama so sehr liebte (Sextil Mond).

Die Chance, mit einem Großen Kreuz berühmt zu werden, nimmt offensichtlich mit der Anzahl der an ihm beteiligten persönlichen Planeten ab. Wenn aber zwei oder drei persönliche Planeten daran beteiligt sind, kommt es auf die oder den jeweiligen kollektiven Planeten an, ob ein Geborener das Große Kreuz erfolgreich bewältigt oder daran scheitert. Mit Uranus und Neptun ist ein erfolgreicher Umgang durchaus möglich. Wenn Pluto der einzige kollektive Planet ist und aktiv gelebt wird, ebenso. Nur mit Saturn alleine oder gar zusammen mit Pluto ist eine erfolgreiche Bewältigung auf jeden Fall erschwert, wenn nicht gar unmöglich.

Zum Schluß noch ein paar Bemerkungen zum Großen Kreuz mit dem Asteroiden **Vesta**, auch wenn es sich hierbei um keinen persönlichen Planeten im klassischen Sinne handelt. Vesta steht ja für alles, was ein Mensch mit besonderer Hingabe tut, was er quasi zelebriert. Im IHL fand ich 83 mal ein Großes Kreuz mit Vesta. Davon entfielen 75 % aller Fälle auf Künstler, Wissenschaftler oder Esoteriker. Insbesondere die Gruppe der Tänzer einschließlich der Eiskunstläufer, die sonst bei Kreuzhoroskopen wenig vorkommt, ist bei Großen Kreuzen mit Vesta anzutreffen.

Vesta neigte in diesen Fällen dazu, allein zu stehen; Konjunktionen kamen nur in dreizehn Fällen vor. Allem Anschein nach ist Vesta in einem Großen Kreuz ein Zeichen für das Ringen um den künstlerischen Ausdruck, für die Suche nach dem richtigen spirituellen Weg und die Hingabe an die wissenschaftliche Forschung oder eine sonstige Tätigkeit, in Konjunktion mit Pluto in einem Fall sogar an die Revolution.

Das Große Kreuz
mit der Mondknotenachse

In den letzten Jahren erkennen immer mehr Astrologen den karmischen Bezug der Mondknotenachse. Im absteigenden oder südlichen Mondknoten wird dabei das gesehen, was ein Mensch mitbringt und womit er sich wohlfühlt, im aufsteigenden oder nördlichen Mondknoten dagegen jenes, was er noch nicht kennt und im gegenwärtigen Leben lernen muß. Planeten im Trigon bzw. Sextil zur Mondknotenachse sollen entweder zum absteigenden oder aufsteigenden Mondknoten hinziehen, je nachdem, ob sie im gleichen Element stehen wie der eine oder andere Pol. Planeten im Quadrat zur Mondknotenachse weisen dagegen auf Wege hin, die der angestrebten Entwicklung entgegenwirken. Kollektive Planeten zeigen dabei eher äußere Widerstände an. Persönliche Planeten im Quadrat zur Mondknotenachse scheinen dagegen so schicksalhaft zu wirken, als ob ihre Qualitäten für dieses Leben nicht gewollt sind.

Besonders auffällig ist die Häufung von Kreuzhoroskopen mit mehr als einem persönlichen Planeten bei MS- und Krebskranken und dabei wiederum die Beteiligung der Mondknotenachse. Bei 15 MS-Kranken mit Kreuzhoroskopen sind in neun Fällen zwei persönliche Planeten beteiligt; bei zehn Krebskranken mit Kreuzhoroskopen in sechs Fällen zwei persönliche Planeten und viermal sogar drei persönliche Planeten. Bei insgesamt 15 MS-Fällen mit Kreuzhoroskopen war sechsmal die Mondknotenachse beteiligt. Sicherlich ist die Anzahl der Beispiele sehr gering, aber es handelt sich ja nicht um Zufallszahlen, sondern sie beziehen sich auf eine Gesamtzahl von 220 MS-Fällen bzw. 175 Krebsfällen aus der Datenbank des Deutschen Astrologen-Verbandes (DAV).

Bei den folgenden drei MS-Fällen ist wirkt Uranus mit. Wie wir im vorigen Kapitel gesehen haben, kann Uranus positiv gelebt einen Menschen zu einem echten Erneuerer machen. Findet der Geborene aber keine Möglichkeit, Uranus konstruktiv einzusetzen, wirkt sich seine Energie meist destruktiv auf die Persönlichkeit der betroffenen Person aus.

Mary (Abb. 64) hatte wahrscheinlich schon in der Kindheit schlechte Erfahrungen mit ihren Brüdern gemacht (Mars im Widder im 3. Haus) und mußte mit ihnen um die Aufmerksamkeit der Mutter kämpfen oder gar die Mutter bei ihnen vertreten (Quadrat Krebs-Mond in Konjunktion zum aufsteigenden Mondknoten am Deszendenten), wodurch sie um ihre Freiheit und um eigene Möglichkeiten der Entfaltung gebracht wurde (Quadrat rückläufiger Uranus in der Waage im 9. Haus) und mit einem Leben nur für die Kinder endete (Trigon Merkur an der Spitze des 2. Hauses), wobei die Stellung im Wassermann anzeigt, daß ihr Verhältnis zu Kindern immer ambivalent blieb.

Uranus, diesmal am Anfang, spielt auch bei zwei weiteren weiblichen MS-Kranken eine Rolle, deren Geburt nur 4 Tage auseinander liegt. Im ersten Fall haben wir Uranus im Skorpion an der Spitze des 12. Hauses, Quadrat Venus im Löwen, im 9. Haus eingeschlossen, Opposition Mars im Wassermann, im 3. Haus eingeschlossen, Quadrat aufsteigender Mondknoten im Stier im 6. Haus. Im zweiten Fall steht Uranus im 3. Haus, Quadrat Mars im 6. Haus, Quadrat aufsteigender Mondknoten am MC, Quadrat Venus im 12. Haus. Diese Großen Kreuze würden ja an sich schon reichen, um einem Menschen jegliche Lebensfreude zu rauben. Aber nicht genug damit, Pluto-Neptun in den Zwillingen, beide rückläufig im 7. bzw. 10. Haus stehend, bildeten auch noch ein Quadrat zu Merkur in der Jungfrau im 9. bzw. 1. Haus.

Bei allen diesen Fallbeispielen scheint also letztendlich die den Frauen als einzige Möglichkeit vorgegebene Rolle der Mutterschaft und die ihnen damit vorenthaltene Möglichkeit anderweitiger Entfaltung der auslösende Faktor für ihre Krankheit gewesen zu sein.

Aber auch bei männlichen MS-Kranken gibt es Fälle, bei denen die Mondknotenachse beteiligt ist. Zum Beispiel im Geburtsbild von Josef (Abb. 65) mit Venus im Skorpion kurz vor dem MC,

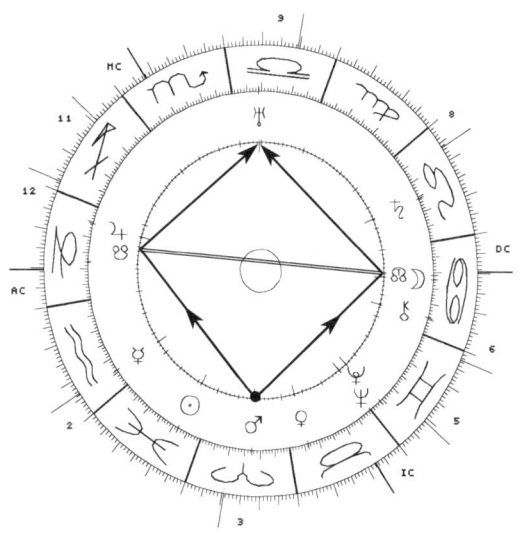

Abb. 64: Mary

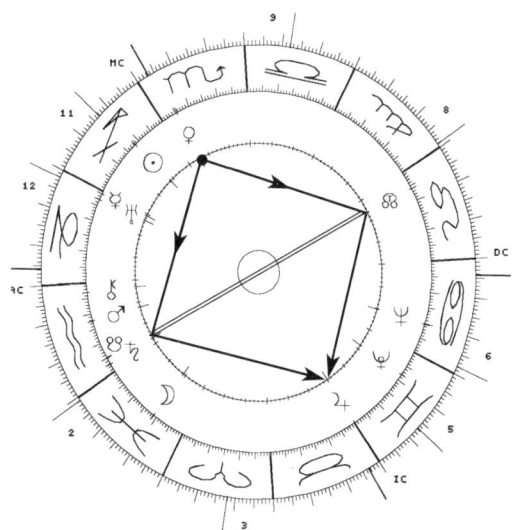

Abb. 65: Josef

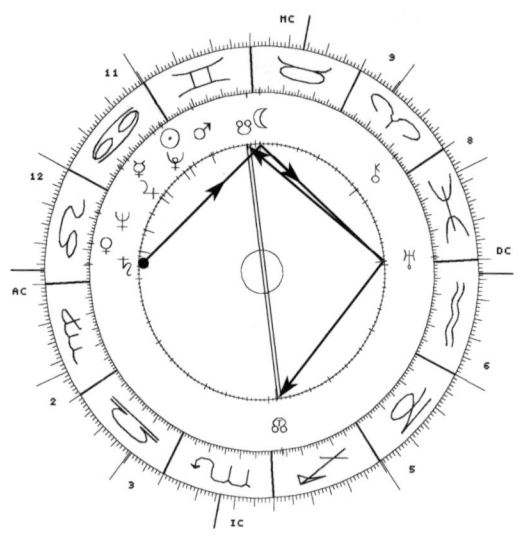

Abb. 66: Albert

Quadrat absteigender Mondknoten mit Saturn im Wassermann Ende des 1. Hauses, Opposition aufsteigender Mondknoten im Löwen im 7. Haus, Quadrat rückläufiger Jupiter in den Zwillingen im 4. Haus. Josef wäre wohl gerne berufstätig gewesen, aber seine Lektion für dieses Leben war die Hinwendung zum Du (nördlicher Mondknoten im 7. Haus), ohne dabei aber seinen Stolz aufzugeben (im Löwen). Seine unbewußt herbeigeführte Krankheit verschaffte ihm die Möglichkeit, zu Hause zu bleiben und seine Familie mit seinen Wünschen zu beherrschen (rückläufiger Jupiter im 4. Haus).

Bei Albert (Abb. 66) sorgte Saturn im Löwen im 12. Haus dafür, daß er nicht selbst arbeiten gehen konnte und auf die Berufstätigkeit seiner Mutter oder Frau (Quadrat Mond im Stier im 10. Haus) und ständig wechselnder Pflegepersonen angewiesen war (Quadrat rückläufiger Uranus in den Fischen im 7. Haus) und so ans Haus gefesselt wurde (Quadrat aufsteigender Mondknoten im 4. Haus), um den Sinn des Lebens zu erkennen (aufsteigender Mondknoten im Schützen).

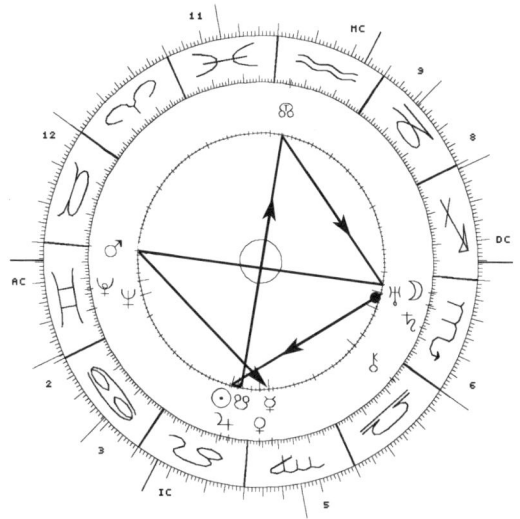

Abb. 67: Marie Besnard

Auch bei anderen dramatischen Fällen ist die Mondknotenachse von Bedeutung. Marie Besnard (Abb. 67), die wegen zwölffachen Giftmordes angeklagt wurde, deren Schuld aber in drei Prozessen nicht nachgewiesen werden konnte, mußte freigesprochen werden. Ihr Großes Kreuz besteht aus Uranus im Skorpion im 6. Haus, Quadrat Jupiter-Sonne im Löwen im 4. Haus, in Opposition zum aufsteigenden Mondknoten im Wassermann im 10. Haus, Quadrat Mond im Skorpion im 6. Haus, Opposition Mars im Stier im 12. Haus, Quadrat Venus-Merkur in der Jungfrau im 4. Haus.

Offenbar handelte es sich bei ihr um eine Frau, der mit Saturn im Skorpion im 6. Haus schon früh Verantwortung in Form von Arbeit aufgeladen wurde. Durch ein plötzliches Ereignis (vielleicht wurde auch hier ein männlicher Angehöriger arbeitsunfähig - Uranus im 6. Haus Quadrat zu Jupiter-Sonne im 4. Haus) wurde sie dazu gezwungen, außer Haus arbeiten zu gehen, womit sie ihre Lebensaufgabe erfüllte (aufsteigender Mondknoten im 10. Haus). Das brachte sie aber in Konflikt mit den Anforderungen an sie als Mutter (Quadrat Mond im 6. Haus). Vor lauter Überforderung hätte sie durchaus auf den Gedanken kommen können, heimlich in Aktion zu treten (Mars im 12. Haus, dessen Herrscher Neptun das Gift zugeordnet wird), vielleicht gegen Nebenbuhlerinnen (Quadrat Venus im 4. Haus), vielleicht auch gegen Geschwister oder sogar gegen ihre eigenen Kinder (Merkur). Jedenfalls ist es nicht ausgeschlossen, daß bei Saturn im Skorpion Quincunx Pluto im 1. Haus, Uranus Quincunx Neptun im 1. Haus und Saturn Biquintil Neptun-Vesta im 1. Haus eine derart belastete Frau zum Gift gegriffen hat.

Eines der Schicksalsjahre unseres Jahrhunderts war offenbar das Jahr 1931. Das ganze Jahr über hatten wir eine Opposition von Pluto im Krebs zum Steinbock-Saturn, während die Mondknotenachse im Zeichen Waage abstieg und im Widder aufstieg. Bei dieser Polarität geht es darum, die Harmoniesuche der Waage zu überwinden und sich durchsetzen zu lernen, was bei der Beteiligung von Saturn und Pluto auf schicksalhafte Weise geschehen sollte, unter Umständen sogar mit Gewalt. Ab Mitte des Jahres bildete dann Uranus im Widder ein T-Quadrat mit Saturn und Pluto.

Die derzeit wohl bekanntesten Persönlichkeiten dieses Jahrgangs sind vermutlich Boris Jelzin und Michail Gorbatschow. Bei Jelzin (Abb. 68) sind zwei persönliche Planeten direkt am Großen Kreuz beteiligt. Dieses beginnt mit Uranus auf 12° Widder (der im 3. Haus der Kommunikation eingeschlossen ist), Quadrat rückläufiger Jupiter in Konjunktion zum Mond auf 12° bzw. 14° Krebs im 7. Haus, Opposition Merkur-Saturn auf 17° Steinbock im 1. Haus, Quadrat Mondknotenachse auf 18° Waage/Widder im 9. bzw. 3. Haus und schließlich Quadrat rückläufiger Pluto auf 19° Krebs im 7. Haus.

Dagegen besteht Gorbatschows (Abb.69) Großes Kreuz nur aus kollektiven Planeten, aber seine Sonne ist durch ein Trigon mit dem in der Aspektfigur integrierten Jupiter verbunden. Sein Großes Kreuz beginnt mit dem rückläufigen Jupiter auf 10° Krebs (und Trigon im 12. Haus), Quadrat Widder-Uranus im 1. Haus, Opposition absteigender Mondknoten im 7. Haus, Konjunktion aufsteigender Mondknoten. Der Mondknotenachse folgte ein Quadrat im 4. Haus und schließlich eine Opposition Saturns im 10. Haus.

Die von den Müttern angegebenen Geburtszeiten scheinen rich-

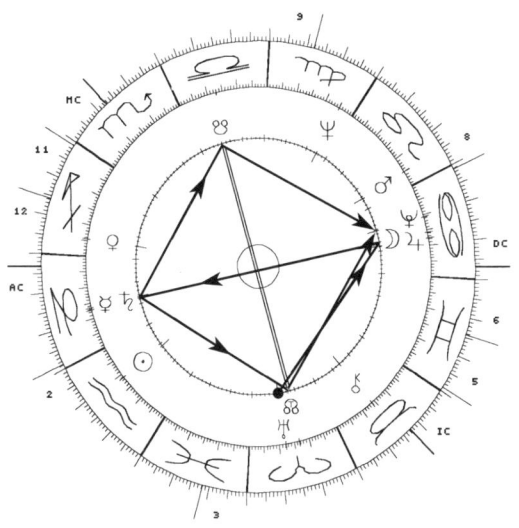

Abb. 68: Boris Jelzin

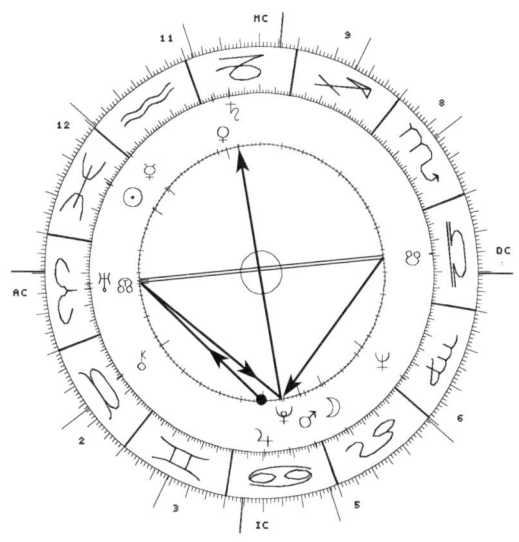

Abb. 69: Michail Gorbatschow

tig zu sein, denn die Belegung der Häuser spricht für sich. Bei Jelzin beginnt das Astroskript mit Uranus: Motiv seines Handelns gegen die Obrigkeit (Jupiter) war, eine Änderung herbeizuführen in Richtung Demokratie (Uranus), wofür er das Volk gewinnen konnte. Für die Konjunktion von Jupiter und Mond im 7. Haus gibt es wohl kaum eine bessere Entsprechung als die eines Volkstribuns. Er war es, der sich zum Sprachrohr (Merkur) des Volkes machte und sich unerschrocken – d.h. unter Überwindung seiner eigenen Furcht (Saturn) – für es einsetzte (aufsteigender Mondknoten im 3. Haus) und schließlich selber zum Führer wurde (»Zar Boris«).

Anders bei Gorbatschow, denn bei ihm beginnt das Astroskript mit dem rückläufigen Jupiter im 4. Haus. Wahrscheinlich fühlte er sich schon von Kindesbeinen an zum Führer berufen, um einerseits seiner im 12. Haus schlecht plazierten Fische-Sonne zu mehr Beachtung zu verhelfen (Jupiter Trigon Sonne). Andererseits war er mit Uranus im Widder und im 1. Haus der »geborene Reformer«, der mit Traditionen, wie mächtig sie auch sein mochten, brach (Quadrat rückläufiger Pluto im 4. Haus) und selbst zur Leitfigur wurde. Sein Astroskript endet mit Saturn im 10. Haus, was den mühevollen Aufstieg, aber auch den späteren Abstieg anzeigt. Aber immerhin war Gorbatschow der erste Führer der Sowjetunion, der seine Entmachtung überlebt hat.

Bei beiden Politikern wird das Große Kreuz nur durch die Einbeziehung der Mondknotenachse vervollständigt. In Gorbatschows Horoskop liegt sogar eine Doppelbetonung vor: absteigender Mondknoten in der Waage und im 7. Haus, aufsteigender Mondknoten im Widder und im 1. Haus. Kämpferische Durchsetzung war also seine Lebensaufgabe. Aber seine eher zum Träumen neigende Fische-Sonne, dazu noch im neptunischen 12. Haus, war nicht gerade das Instrument, mit dem sich eine solche Aufgabe leicht bewerkstelligen ließ. Der rückläufige Jupiter und der ebenfalls rückläufige Pluto, die auf in dieses Leben mitgebrachte Führungseigenschaften und Machtansprüche hinweisen, ließen einen neptunischen Rückzug nicht zu. Es ist schon bemerkenswert, welche großen Aufgaben das Schicksal bereit halten kann, damit ein Mensch lernt, sich selbst durchzusetzen.

Auch bei Jelzin sind Jupiter und Pluto rückläufig. Aber sie stehen im 7. Partnerhaus und der Mond ist genau dazwischen plaziert. Seine angeborenen Führungsqualitäten sollen sich ganz dem Volkeswillen unterordnen. Und statt ein angenehmes Leben der Nomenklatura zu führen (absteigender Mondknoten in der Waage im 9. Haus), soll er auf die Ebene des Volkes herabsteigen und seine Durchsetzungsfähigkeit den Interessen des Volkes nutzbar machen (aufsteigender Mondknoten im Widder und im 3. Haus).

Als der Putsch gegen Gorbatschow begann[47], stand die Mondknotenachse auf 16° 58' Steinbock im Quadrat zu Gorbatschows Mondknotenachse und in Konjunktion zu Jelzins Merkur. Der retrograde Uranus stand auf 10° 13' Steinbock in Opposition zu Gorbatschows Jupiter und im Quadrat zu seinem Aszendenten. Pluto stand auf 17° 40' Skorpion direkt über Jelzins MC. Als die Lage eskalierte, stand Neptun auf 14° 20' Steinbock und somit auf die Bogenminute genau in Opposition zu Jelzins Mond. Als Gorbatschow schließlich wieder in Moskau landete, stand der Mond auf 20° 28' Steinbock in Konjunktion zu Gorbatschows Saturn. Wenn er auch zunächst gerettet schien, so war dies doch der Anfang vom Ende. Bei der Amtsübergabe Gorbatschows an Jelzin stand die Sonne auf 3° 23' Steinbock, im Quadrat zu Gorbatschows MC und in Konjunktion zu Jelzins Aszendenten. Uranus stand auf 13° 18' Steinbock im Quadrat zu Gorbatschows Uranus, Neptun auf 15° 59' Steinbock im Quadrat zu Gorbatschows Mondknotenachse und in Konjunktion zu Jelzins Merkur.

Jelzin konnte seiner Präsidentschaft jedoch nie so richtig froh werden, denn Uranus und Neptun liefen ständig über sein Großes Kreuz. Jedesmal, wenn sie in die Opposition zu seinem Radix-Pluto kamen, eskalierte die Lage. Pluto am Ende eines Großen Kreuzes kann ja sowohl Aufstieg als auch Fall bedeuten. Hält jemand ein Amt inne, so bedeutet eine Aktivierung des Radix-Pluto immer einen Kampf um die Macht.

---

47 Beginn des Putschversuches 18. August 1991, 13:50 GMT (Quelle: Gorbatschow auf der Pressekonferenz am 22. August 1991. Die weiteren Daten wurden den Fernsehnachrichten während des Putsches entnommen. Eskalation der Lage: 19. August 1991, 21:00 GMT. Landung Gorbatschows in Wnukowo 20. August 1991, 23:12 GMT. Amtsübergabe an Jelzin 25. Dezember 1991, 17:35 GMT.

Die genaue Konjunktion zwischen Uranus und Neptun fand am 2. Februar 1993 bei 19° 33' Steinbock in Opposition zu Jelzins Pluto auf 19° 21' Krebs statt. Außerdem standen während des gesamten Frühjahrs Venus im Widder, Mars im Krebs und Jupiter in der Waage mehr oder weniger auf Jelzins Großem Kreuz. Als der Kongreß der Volksdeputierten Jelzin am 12. und 13. März 1993 die Kompetenzen entzog und sich gegen ein Referendum aussprach, spitzte sich die Lage zu. Die Auseinandersetzung erreichte ihren Höhepunkt, als Jelzin am 20. März in einem Erlaß zur Überwindung der Staatskrise die Präsidialherrschaft verfügte, was aber am 22. März vom Kongreß der Volksdeputierten und am 23. März vom Verfassungsgericht gerügt wurde. Zu allem Überfluß verstarb am 21. März auch noch Jelzins Mutter. Uranus und Neptun standen auf 21° 38' Steinbock bzw. 20° 51' Steinbock und hatten das Große Kreuz bereits überschritten. Mars stand auf 14° 35' Krebs in Konjunktion zu Jelzins Mond, Jupiter stand auf 11° Waage im Quadrat zu Jelzins Jupiter und Venus lief retrograd auf die Mondknotenachse und das Quadrat zu Merkur und Saturn zu. Der Kongreß der Volksdeputierten versuchte am 28. März Jelzin abzusetzen, zu der erforderlichen Zweidrittelmehrheit fehlten aber 72 Stimmen. Am gleichen Tag kam es in Moskau zu einer Demonstration für Jelzin und am 29. März genehmigte der Kongreß das für den 25. April 1993 von Jelzin geplante Referendum. An diesem Wochenende lief Venus rückläufig über das Quadrat zu Jelzins Mond, Mars im Krebs in die Opposition zu Merkur-Saturn und ins Quadrat zur Mondknotenachse. Der rückläufige Jupiter in der Waage hatte sich aber bereits vom Großen Kreuz entfernt. Nach dem Ende der Sitzungsperiode des Kongresses der Volksdeputierten herrschte im April Ruhe und »business as usual«. Zwei Tage vor dem Referendum, am 23. April 1993, legte Jelzin den Entwurf einer neuen Verfassung vor. Bei dem Referendum vom 25. April sprach ihm das Volk das Vertrauen aus, auch in Bezug auf seine Wirtschaftspolitik. Bezüglich vorgezogener Präsidentschafts- und Parlamentswahlen erzielte er aber weniger als 50 % aller Stimmen. Bei Schließung der Wahllokale lief Merkur in das Quadrat zu Jelzins Mond im 7. Haus. Alle anderen Planeten hatten sich bereits aus dem Großen Kreuz wegbewegt.

Während der gesamten Rückläufigkeit von Uranus und Neptun

blieb die Lage ruhig und man hörte wenig von Jelzin. Später warf man ihm sogar Untätigkeit vor. Ob der die meiste Zeit *vor* Uranus stehende und damit die Zeitqualität beherrschende Neptun Jelzin tatsächlich gelähmt hat oder ob er in neptunischer Weise hinter den Kulissen tätig war, läßt sich leider nicht feststellen. Als aber kurz vor der Direktläufigkeit von Uranus und Neptun die Planeten Mars und Jupiter gemeinsam aus der Waage heraus ein Quadrat zu Uranus bildeten, geschahen nicht nur in Israel (Vertrag Israel und PLO) und Südafrika (Gleichstellung der Schwarzen beim Wahlrecht) Dinge, die man vorher nicht für möglich gehalten hätte. Auch Jelzin wurde wieder aktiv und die Auseinandersetzung mit dem Parlament eskalierte aufs Neue.

Als Jelzin am 21. September 1993 um 17:00 Uhr GMT die Auflösung des Parlaments verfügte[48], lief Merkur auf 16° 29' Waage und somit auf Jelzins Mondknotenachse zu. Uranus und Neptun standen auf 18° 14' bzw. 18° 24' Steinbock. Sie hatten die Konjunktion zu Saturn überschritten und liefen auf die Opposition zu Pluto zu. Jupiter stand auf 19° 20' Waage um eine Bogenminute genau im Quadrat zu Pluto.

Beim Kampf um das Parlamentsgebäude vom 3. Oktober 1993 13:00 Uhr GMT bis zum 4. Oktober 1993 13:54 GMT[49] standen Uranus und Neptun weiterhin auf 18° 14' Steinbock bzw. 18° 24' Steinbock. Im übrigen war hauptsächlich Jelzins Radix-Mars auf

---

48 Diese Meldung wurde während der 19 Uhr Nachrichten im ZDF als „soeben wurde gemeldet" gesendet.
49 Am 3. Oktober 1993 stürmten mehr als 10.000 Demonstranten die Sperren vor dem Weißen Haus. Schüsse fallen und zwei Milizionäre werden getötet. Um 13:00 GMT verkündet Jelzin den Notstand. Um 13:51 stürmen bewaffnete Truppen das Bürgermeisteramt. 16:23 Kämpfe am Fernsehzentrum Ostankino, die Nachrichtenagentur ITAR-TASS wird um 17:00 besetzt. Gegen 19:00 läßt die Regierung Elitetruppen einrücken. Um 19:25 setzt Jelzin den Vizepräsidenten Ruzkoi ab. ITAR-TASS wird um 19:50 wieder befreit, Ostankino um 23:20. Am 4. Oktober 1993 um 2:00 verfügt Jelzin den Angriff auf das Weiße Haus, ab 4:13 nehmen die Panzer das Gebäude unter Beschuß. Um 6:58 ist Ruzkoi angeblich zu Verhandlungen bereit. Gegen 8:30 stürmen die Elitetruppen das Weiße Haus. Um 13:54 kommt es zur Kapitulation. (Alle Angaben stammen aus der *Rheinischen Post* vom 5. Oktober 1993 und wurden in GMT umgerechnet).

05° 12' Löwe und der Saturn der GUS auf 5° 10' Wassermann durch Merkur und Mars betroffen, die von 03° 17' bis 04° 37' Skorpion bzw. 04° 22' bis 05° 05' Skorpion transitierten. Bei der Abstimmung über die Verfassungsreform und der gleichzeitigen Parlamentswahl vom 12. Dezember 1993 hatte Uranus auf 20° 29' Steinbock die Opposition zu Pluto bereits überschritten, während Neptun auf 19° 46' Steinbock noch im Orbis der Opposition zu Pluto stand.

Während wir in den vorangegangenen Kapiteln feststellen konnten, daß ein mit vier Planeten besetztes Großes Kreuz nicht generell die ihm nachgesagten schlimmen Auswirkungen hat, scheint dies auf Kreuzhoroskope unter Einbeziehung der Mondknotenachse durchaus zuzutreffen. An den Beispielen von Gorbatschow und Jelzin konnten wir außerdem feststellen, daß auch Transite der Mondknotenachse zu Planeten oder von Planeten zur Mondknotenachse von schicksalhafter Bedeutung sind.

Teil III

Deutungsprinzipien des Großen Kreuzes

In den vorangegangenen Kapiteln ging es um die Stellung des Großen Kreuzes in den verschiedenen Zeichen, unterteilt nach den Bewegungsformen kardinal, fixiert und veränderlich. Die Wirkung der Zeichen besteht aber lediglich in einer Modulation der jeweiligen Planetenenergie. Wenn z.B. Jupiter im Widder steht, ist die Wirkung ähnlich wie bei einer Konjunktion von Jupiter und Mars, dem Herrscher des Zeichens Widder. Da in den bisherigen Beispielen aber pro Bewegungsform immer die gleichen drei Planeten ein T-Quadrat bildeten, ergaben sich die herausgearbeiteten Unterschiede erstens aus den jeweils beteiligten persönlichen Planeten, zweitens aus der Reihenfolge im Astroskript und drittens aus den Häusern.

Während die Stellung in den Zeichen die Färbung der Planeten festlegt, bestimmen die Häuser, in welchem Bereich der Lebensbühne die Planetenenergien zum Ausdruck kommen sollen: sei es im kardinalen Bereich der Häuser 1-7 4-10, im fixierten Bereich der Häuser 2-8 5-11, im veränderlichen Bereich der Häuser 3-9-6-12 oder in einer gemischten Häuserkombination.

Für die Beurteilung der Wirkungsweise eines Großen Kreuzes ist somit die Reihenfolge der Häuser maßgebend. Das erste Haus der Skriptkette und der in ihm stehende Planet zeigen die antreibende Motivation oder den Ausgangspunkt. Das letzte Haus und der Planet in ihm das angestrebte Ziel oder das Resultat. Die Häuser dazwischen sind die Stationen auf dem Weg zum Ziel oder die »Mittler«, die im besten Fall gemeistert, im schlechtesten Fall aber durchlitten werden müssen.

Da es sich bei den Oppositionen um Gegensatzpaare handelt, die sich ergänzen, werden die durch sie hervorgerufenen Konfrontationen immer offen ausgetragen. Häufig wird sogar versucht, beide Teile zu einem Ganzen zusammenzufügen. Wie weiter oben schon angedeutet[50], sollte man immer die 90°-Richtungsänderung der Konstellation berücksichtigen. Am sanftesten verlaufen die Transite bei einem Großen Kreuz mit zwei Oppositionen, die in der Mitte durch ein Quadrat miteinander verbunden sind. Hier haben wir nur *eine* Richtungsänderung um 90°. Oder es steht am Anfang und am Ende ein Quadrat und nur in der Mitte eine Opposition, was also *zwei* Richtungsänderungen um 90° bedeutet. Schließlich kann die Skriptfolge des Großen Kreuzes auch so angelegt sein, daß Quadrat auf Quadrat auf Quadrat folgt. Dies ergibt *drei* Richtungsänderungen um 90°.

Die zuletzt beschriebene Konstellation läßt sich am ehesten mit der Redewendung: »Ein Unglück kommt selten allein« umschreiben. Der Horoskopeigner befindet sich in einem permanenten Kampf, was ihn aufrichten kann nach dem Motto: »Was mich nicht umbringt, macht mich stark!« Meistens geht ihm aber irgendwann die Kraft aus und er resigniert, verfällt in Depressionen oder er wird krank.

Für die Interpretation eines Großen Kreuzes kommt es aber auch darauf an, welcher Planet am Anfang oder Ende der Auslösungsdynamik steht.

Saturn zu Beginn kann statt der Motivation die Vertreibung aus dem Paradies bedeuten. Saturn am Schluß kann bewirken, daß das angestrebte Ziel nicht erreicht wird und es stattdessen zu Frustrationen kommt.

Uranus am Anfang kann eine zündende Idee sein. Steht er am Ende, so kann dies besagen, daß eine zündende Idee in die Tat umgesetzt wird, der Betroffene also ein Erneuerer oder Reformer ist. Es kann sich aber auch darum handeln, daß die Dinge zum Schluß immer eine unverhoffte Wende nehmen und den Geborenen darauf vertrauen lassen, daß alles schon gut ausgehen wird.

Pluto am Beginn bedeutet in der Regel einen machtvollen Antrieb, wobei der Horoskopeigner den Anschein erwecken kann, von einer Idee geradezu besessen zu sein. Mit Pluto als Endsignifi-

---

50 cf. p. 22 Kapitel Die Wirkungsweise eines Großen Kreuzes

kator wird der Horoskopeigner entweder Herr und Meister seines Lebens, oder er unterliegt oder unterwirft sich einem Herrn oder Meister. Manchmal dem Herrn des Schicksals, der mit dem Betroffenen einen Läuterungs- und Umwandlungsprozeß vornimmt. Ähnliches trifft für den Endpunkt im 8. Haus zu. Dies ist die schwierigste Aufgabe, welche das Schicksal zu vergeben hat. Wenn sich ein derart Betroffener dagegen auflehnt, werden die Schwierigkeiten nur noch größer werden: Hier hilft nur die Einsicht, daß der Mensch gegen den Willen des Schicksals nichts ausrichten kann.

Um die empirisch gefundenen Ergebnisse für die praktische Arbeit nutzbar zu machen, folgt jetzt eine schematische Deutung des Großen Kreuzes in den verschiedenen Häuserkombinationen. Es wird darauf verzichtet, Änderungen der Grundtendenz zu beschreiben, die sich ergeben, wenn Saturn oder Pluto am Ende des Großen Kreuzes stehen. Überdies können zwei gegenläufige Häuserkombinationen durchaus auf ähnliche Weise zum Ausdruck kommen, wenn zum Beispiel in der einen Saturn am Ende steht, in der gegenläufigen aber Jupiter.

Bei der Darstellung der einzelnen Variationen steht oft *ein* Ereignis oder *eine* Entscheidung der Horoskopeigner im Vordergrund. Durch dieses Ereignis oder diese Entscheidung schaffen sich die Geborenen die – schon aus ihrer Herkunftsfamilie bekannten – Lebensumstände, die es ihnen ermöglichen, die Spannungen des Großen Kreuzes immer wieder aufs Neue zu erleben.

Die kardinalen Häuser

Das kardinale Häuserkreuz verdeutlicht die grundlegendsten Bedürfnisse eines Menschen: die Behauptung des Ichs (1. Haus) gegenüber dem Du (7. Haus), das im Elternhaus (4. Haus) vorgefundene und nicht veränderbare Milieu und die Verwirklichung der im Gegensatz dazu stehenden ureigensten Bestimmung (10. Haus).

Die Achse 1/7

Auf dieser Achse, auch Beziehungsachse genannt, geht es um die Auseinandersetzung zwischen dem Ich und dem Du. Nicht um das Ich als innerer Wesenskern, so wie er von der Sonne symbolisiert wird, sondern um das Ich, wie es sich der Umwelt zeigt und wie es von dieser wahrgenommen wird.

In den meisten Astrologiebüchern wird dieses Ich gleichgesetzt mit der Persönlichkeit, wobei das Wort »Persönlichkeit« von lateinisch »persona« (Maske) und »personare« (durch die Maske tönen) abgeleitet wird. Die Persönlichkeit wird also als eine Maske begriffen, die ein Mensch im Umgang mit der Umwelt trägt, entweder weil er sich nicht getraut, sein wahres Gesicht (Sonne) zu zeigen oder um seinen inneren Wesenskern (Sonne) zu schützen.

Da das Tragen einer Maske etwas Unaufrichtiges an sich hat und an bewußte Irreführung denken läßt, bevorzuge ich den Ausdruck *Image* für das Ichbild des 1. Hauses. *Image* heißt auf deutsch »Bild« und symbolisiert das Erscheinungsbild, das eine Person der Umwelt zeigt und das andererseits die Umwelt von dieser hat.

Gemäß der Zuordnung zum Widder/Mars-Prinzip ist dieses *Image* dem Menschen bewußt und er tut auch alles mögliche für die Imagepflege und für dessen Verbesserung. Das Image wird regelrecht »gestylt« durch das richtige »outfit« und den richtigen Einsatz von Sprache und Körperausdruck. Denn erst mit einem perfekten Image hat ein Mensch heute die Chance, Karriere (10. Haus) zu machen.

Image ist auch jenes Bild, das jemand von anderen Menschen in sich trägt. Und genau dies wird durch das 7. Haus repräsentiert. Das 7. Haus zeigt das innere Bild des oder der Menschen, die jemand zu seiner Ergänzung, das heißt zum Ganz-werden braucht. Und dieses innere Bild des anderen ist auch gemeint, wenn es in der Bibel heißt, daß jemand den anderen »erkannte«.

In der Begegnung und der Auseinandersetzung mit dem Partner und den Mitmenschen lernt der Geborene zwischen dem Ich und dem Du zu unterscheiden und er erkennt dabei, daß sein Gegenüber andere Eigenschaften, andere Gewohnheiten, andere Vorstellungen und andere Interessen hat als er selbst.

Für den Umgang, die Zusammenarbeit oder gar das Zusammenleben von Ich und Du muß im Idealfall ein fairer und gerechter Ausgleich der Interessen beider Seiten hergestellt werden. In der Realität findet man aber alle Formen von der Durchsetzung des Ich zulasten des Du bis hin zur Selbstaufgabe zugunsten eines anderen.

Um welche Form es sich im Einzelfall handelt, hängt davon ab, welches Haus am Schluß des Astroskripts steht. Bei einem Endpunkt im 1. Haus wird das Pendel zugunsten des Ich, beim Abschluß im 7. Haus zugunsten des Du ausschlagen.

Ist das 7. Haus mit Planeten besetzt, besteht an sich schon die Neigung, diese planetaren Energien auf den oder die Partner zu projizieren. Bei der Beteiligung des 7. Hauses an einem Großen Kreuz dürfte die Projektion eher die Regel sein, da auf diese Weise – vordergründig gesehen – nur noch drei von vier Elementen in die Persönlichkeit integriert werden müssen.

Die Achse 4/10

Auf dieser Achse geht es um das im Elternhaus vorgefundene Milieu (4. Haus) und um die ureigenste Bestimmung eines Menschen (10. Haus).

Das 4. Haus wird traditionell mit dem Elternhaus und dessen Klima, Milieu, Sitten, Gebräuchen und Traditionen gleichgesetzt. Diese Herkunft war in früheren Zeiten wichtiger und schicksalhafter als heute. Im Mittelalter war es zum Beispiel noch üblich, daß der Sohn das Handwerk seines Vaters erlernte. Einen Ausbruch aus dieser Tradition und somit ein Anstreben eigener Ziele gab es nicht. Das Hineingeborenwerden in eine bestimmte Klasse oder Schicht prägte das Schicksal und konnte oder durfte auch nicht vom Individuum überwunden werden. Dies ging sogar so weit, daß jedem Stand genau vorgeschrieben war, welche Kleider getragen werden mußten. In einigen Regionen gab es sogar unterschiedliche Trachten für Katholiken und Protestanten; ganz zu schweigen von dem gelben Hut, der den Juden aufoktroyiert wurde.

Im Zeitalter der Demokratie spielen diese Unterschiede keine große Rolle mehr. Gemäß dem Grundgesetz für die Bundesrepublik Deutschland darf beispielsweise niemand wegen seines Geschlechtes, seiner Abstammung, seiner Rasse, seiner Sprache, seiner Heimat und Herkunft, seines Glaubens, seiner religiösen und politischen Anschauungen benachteiligt oder bevorzugt werden.

Selbstverständlich gibt es auch heute noch unterschiedliche Chancen, die auf den Umständen in der Herkunftsfamilie beruhen. Das Augenmerk richtet sich jetzt aber im wesentlichen auf das geistige und seelische Klima in der Familie, und auf die psychischen Defizite, die jemand auf Grund der Familiensituation davongetragen hat.

Während im 4. Haus die Weiterführung der Familientradition von zentraler Bedeutung ist, geht es im 10. Haus um die Überwindung der Tradition durch Verwirklichung eigener Ziele und Vorstellungen, um die Vollendung der ureigensten Bestimmung, um das, was ein Mensch aus seinem Leben machen möchte – zu was er sich berufen fühlt.

Im Gegensatz zum 4. Haus, das den Augen der Öffentlichkeit verborgen bleibt, wird die Erfüllung der eigenen Lebensziele in aller Öffentlichkeit angestrebt, heute meistens durch berufliche Selbstverwirklichung. Stimmt der Beruf mit dem Lebensziel überein, erledigt der Geborene seine Arbeit also mit Hingabe und Freude, dann erwirbt er Kompetenz und es wird ihm meistens auch mehr Verantwortung übertragen. Er macht Karriere, gewinnt an Status und Ansehen und kommt zu Amt und Würden.

Während das 1. Haus jenes Ansehen symbolisiert, das ein Geborener aufgrund seines Seins erlangt, repräsentiert das 10. Haus das Ansehen, das sich ein Mensch kraft seines Handelns erworben hat.

Bei einer Opposition zweier Planeten auf dieser Häuserachse neigen Männer auch heute noch gerne dazu, die Faktoren des 4. Hauses auf ihre Ehefrauen zu übertragen. Dagegen mußten Frauen früher meistens auf eine eigene Selbstverwirklichung und den Gesellschaftsbezug verzichten, so daß ihnen gar nichts anderes übrigblieb, als die Planeten des 10. Hauses auf ihre Ehemänner zu projizieren. Heute geht es für Frauen meist um die Vereinbarung der Belange von Haushaltsführung, Kindererziehung und Beruf, wobei häufig eine Zusammenführung beider Bereiche unter einem Dach zu beobachten ist.

Manchmal erlebt man auch einen Konflikt zwischen der Geborgenheit des 4. Hauses und dem »Nur-auf-sich-selbst-Gestelltsein« des 10. Hauses: um den Gegensatz zwischen der Wärme »dort drinnen« und dem kalten Wind »dort draußen« oder der Einsamkeit »dort oben«.

Bei Königshäusern und Wirtschaftsimperien tritt der alte Widerstreit zwischen der Übernahme eines Familienerbes unter Verzicht auf die eigene Selbstverwirklichung noch öfters zutage. In diesen Kreisen kommt außerdem oft noch das Eindringen der Öffentlichkeit (10. Haus) in das Privatleben (4. Haus) hinzu.

Ein alter Streit unter Astrologen betrifft die Zurechnung von Vater und Mutter zum 4. oder 10. Haus. In der traditionellen Astrologie rechnete man das 4. Haus wegen der Entsprechung zum Krebs/Mond-Prinzip der Mutter zu, während das Steinbock/Saturn-Prinzip des 10. Hauses dem strengen Vater entsprach, der ja auch das einzige Verbindungsglied zur Welt »nach draußen« war. Im Laufe der Emanzipation übernahm das weibliche Geschlecht aber zusätzlich zur Haushaltsführung und Kindererziehung eine berufliche Funktion, während die Männer weiterhin »Nur-Berufsmänner« blieben. Ihre Ehepartnerinnen wurden als Haushalts-Erziehungs-Berufsfrauen aber Allroundtalente. Häufig setzen sie sich auch noch für gesellschaftliche Ziele ein, womit sie meist erfolgreicher sind als die Männer, da sie Verbesserungen in ihrem

Umfeld oder für ihre Kinder schaffen wollen, während es Männern bei der Übernahme von gesellschaftlichen Ämtern mehr um ihre eigene Position geht. So erwarben die Frauen eine Kompetenz, die die meisten Männer nicht aufzuweisen haben.

Wenn man die Väter heute dem 4. Haus zurechnet, kann das allenfalls damit zu tun haben, daß die Kinder sie nur noch zu Hause erfahren können, wo sie aber ihre beruflichen Erfahrungen kaum an die Kinder weitergeben, da sie im allgemeinen weniger mitteilsam sind als die Mütter.

Rechnet man die Mütter ausschließlich dem 10. Haus zu, so halte ich dies ebenso wenig für richtig, da sie die gesamte Achse 4/10 ausfüllen. Frauen sind im allgemeinen mitteilsamer und stärker von ihrer Erziehungsaufgabe durchdrungen. So sind sie es, die die Erfahrungen des Berufes an die Kinder weitergeben und als Mittlerinnen zwischen der »inneren« Welt der Familie und der »äußeren« Welt der Öffentlichkeit fungieren.

Die Achse 4/10 spiegelt folglich wie keine andere die gesellschaftlichen Entwicklungen wider. Daher ist hier bei der Beurteilung eine besondere Sorgfalt angebracht und der jeweilige soziale Hintergrund bei einer Deutung mit einzubeziehen.

Die kardinalen Häuser entsprechen also den Eckpfeilern der Persönlichkeit. Bei einem Großen Kreuz in diesem Häuserkreuz steht also eine spannungsgeladene Auseinandersetzung im Brennpunkt, bei der die Belange von Ich und Du sowie von Familie und Beruf unter einen Hut gebracht werden müssen. Entscheidend ist dabei die Häuserfolge des Astroskripts.

Anfangspunkt im 1. Haus und Endpunkt im 4. Haus. Hier liegt die Motivation in der Durchsetzung oder der Erhöhung des Egos, was mit dem Endpunkt im 4. Haus aber nur in einem begrenzten Rahmen gelingen kann.

Bei der Variation 1=7+10=4[51] liegt der Lernschritt beim Quadrat zwischen dem 7. Haus und dem 10. Haus. Die Berühmtheiten mit dieser Kombination sind fast ausschließlich Männer. Bei ihnen findet man häufig Uranus am Schluß im 4. Haus. Dies deutet darauf hin, daß ihr prominenter Beruf das Privatleben in Mitleidenschaft

---

51 Weiterhin verwenden wir folgende Nomenklatur:
= bedeutet Opposition,   + bedeutet Quadrat,   / bedeutet Achse.

zieht und viel Wirbel in die häusliche Sphäre bringt. Bei Männern findet man auch häufig eine Erweiterung des Berufs in den familiären Bereich hinein, dergestalt, daß sie Leiter eines Instituts werden, das sie als »Patron« in ähnlicher Weise führen wie Frauen ihren Haushalt.

Bei 1+10+7+4, wo Quadrat auf Quadrat auf Quadrat folgt, findet man Frauen, die zunächst einen Beruf ausübten, diesen dann aber auf Wunsch des Partners aufgegeben haben und bei dem alten Rollenmuster Haushalt und Kindererziehung geblieben sind.

Anfangspunkt im 1. Haus und Endpunkt im 7. Haus. Hier ist die Durchsetzung oder die Erhöhung des Egos die Motivation, was mit dem 7. Haus am Schluß aber nur gelingen kann, wenn der Partner beziehungsweise das Publikum bereit ist, Beifall zu klatschen.

Da hier jeweils eine Opposition in der Mitte steht, befinden sich die wichtigsten Lernschritte am Anfang und am Ende.

Mit 1+4=10+7 sagt sich zum Beispiel jemand von seinem Elternhaus los, um einen künstlerischen Beruf zu ergreifen, mit dem er den Applaus des Publikums erringt. Oder jemand strebt weg von seinem Elternhaus, um einen von den Eltern nicht akzeptierten Partner zu heiraten.

Bei 1+10=4+7 akzeptiert man dagegen einen ungeliebten Partner, um weiterhin an Reichtum und Macht einer traditionellen Familie wie zum Beispiel einer Dynastie teilhaben zu können. Häufig kommt es aber auch zu einer Vermischung zwischen privatem und beruflichem oder öffentlichem Bereich, wie bei Königshäusern oder Größen des Showgeschäfts, in deren Privatleben die Medien gnadenlos eindringen. Bei dieser Häuserfolge findet man auch häufig Betrieb, Praxis oder Atelier unter einem Dach mit der Wohnung.

Da bei dem Endpunkt im 7. Haus letzten Endes immer der Beifall des Partners bzw. des Publikums winkt, dürfte diese Variation nur selten dramatische Auswirkungen haben.

Anfangspunkt im 1. Haus und Endpunkt im 10. Haus. Hier ist die Erhöhung des Egos die Motivation und die Selbstverwirklichung oder die Erlangung von Amt und Würden das Ziel.

Dies ist eine sehr herausfordernde Variation, die starke Kräfte freisetzt, sogar dann noch, wenn Saturn am Beginn steht. In einem solchen Fall fühlt sich der Betroffene in seiner Existenz in Frage gestellt und will durch große Leistungen beweisen, daß auch er ein Recht auf Existenz hat.

Bei der Variation 1=7+4=10 liegt der entscheidende Lernschritt beim Quadrat zwischen dem 7. Haus und dem 4. Haus. Hier sind Konflikte zwischen dem Partner und dem Elternhaus zu erwarten. Entweder man verzichtet auf den Partner und behält dadurch die Unterstützung der Familie, die einem die Möglichkeit gibt, seine eigenen Ziele zu verwirklichen. Oder man hält an dem vom Elternhaus nicht akzeptierten Partner fest und sagt sich los, was einen dann dazu zwingt, beruflich auf eigenen Beinen zu stehen. Hält man an Partner *und* Elternhaus fest, muß man den ständigen Konflikt zwischen beiden Parteien aushalten und schlichten.

Obwohl bei 1+4+7+10 Quadrat auf Quadrat auf Quadrat folgt, ist dies eine der Erfolg versprechendsten Variationen überhaupt. Hier muß der Horoskopeigner ständig den Ansprüchen von Partner und Haushalt gerecht werden, bevor er sich ganz dem Beruf widmen kann.

Anfangspunkt im 4. Haus und Endpunkt im 1. Haus. Hier ist die Liebe zur Familie, zur Heimat, zur Tradition oder zur Vergangenheit die Motivation und die Erhöhung des Egos das Ziel.

Bei der Variation 4=10+7=1 liegt der Lernschritt beim Quadrat zwischen dem 10. Haus und dem 7. Haus. Menschen mit dieser Kombination gehen in der Familie auf und versuchen auf irgendeine Weise, die Haushaltsführung oder Kindererziehung in einen größeren Rahmen zu stellen, zum Beispiel als LeiterIn einer Kantine, eines Hotels, eines Heimes, als LehrerIn oder als »Patron« (von lat. *pater*) eines Betriebes, der seine Angestellten als Familienangehörige betrachtet, oder gar als Landesvater oder Landesmutter.

Da die Betroffenen zur Erhöhung ihres Egos den Beifall ihrer Gäste, Kinder, Heimbewohner oder Angestellten brauchen, versuchen sie, es allen recht zu machen und laufen dabei Gefahr, in Eifersuchtsdramen hineingezogen zu werden.

Hier findet man auch die »Frauen, die zu sehr lieben«, also Co-Abhängige und Beziehungssüchtige, die sich deshalb so um ihre Kinder, Heimbewohner oder Angestellten kümmern, weil sie auf diese Weise die ersehnte Anerkennung zu bekommen hoffen.

Bei 4+7+10+1, wo Quadrat auf Quadrat auf Quadrat folgt, ist das Konfliktpotential noch größer. Hier muß erst den Ansprüchen von Familie, Partner und Beruf genüge getan werden, bevor sich der Horoskopeigner in seinem Ego gestärkt fühlt. Mit dieser Kombination findet man aber auch Dichter, die liebevoll die heimische Landschaft beschreiben, oder Musiker, welche die heimische Folklore (4. Haus) mit eigenen musikalischen Ideen (10. Haus) verbinden wollen und dabei das Publikum (7. Haus) überfordern. Oder Politiker, die den Wählern (7. Haus) Werte wie Heimatland oder Blut und Boden schmackhaft machen und in die Öffentlichkeit (10. Haus) bringen, wodurch sie ihr Ziel, das Ego zu erhöhen, erreichen.

Anfangspunkt im 4. Haus und Endpunkt im 7. Haus. Hier ist die Liebe zur Familie, zur Heimat, zur Tradition oder Geschichte die Motivation und eine Anerkennung durch den Partner oder das Publikum das Ziel.

Bei der Variation 4=10+1=7 liegt der Lernschritt beim Quadrat zwischen dem 10. Haus und dem 1. Haus. Wie bei der vorhergehenden Variation ist auch hier häufig die Erweiterung des eigenen Heimes in den öffentlichen Raum gegeben. Das Ego oder die Ich-Durchsetzung wird aber zurückgehalten, weil man dem Partner oder dem Publikum gefallen will.

Bei 4+1+10+7, wo Quadrat auf Quadrat auf Quadrat folgt, handelt es sich oft um Angehörige von Königshäusern, welche die Tradition ihrer Familie fortzusetzen haben und ihr Ego zurückstellen zugunsten der öffentlichen Rolle, die sie einnehmen müssen, um damit den Menschen ihres Landes zu dienen.

Anfangspunkt im 4. Haus und Endpunkt im 10. Haus. Hier ist die Liebe zur Familie, zur Heimat, zur Tradition oder Geschichte die Motivation und die Selbstverwirklichung oder Amt und Würden das Ziel.

Da hier jeweils eine Opposition in der Mitte steht, liegen die Lernschritte am Anfang und am Ende.

Bei 4+1=7+10 ist zum Beispiel die Herkunftsfamilie derart mächtig, daß ein Betroffener nur als Teil dieser und nicht als eigenes Individuum wahrgenommen wird. Überdies muß er sich den Wünschen des Publikums unterwerfen, welches aber seinerseits dafür sorgt, daß er ständig im Licht der Öffentlichkeit steht.

Bei 4+7=1+10 muß der Geborene traditionelle Werte und die Ansprüche des Partners hinter sich lassen, um sich selbst durchzusetzen und zu Ruhm und Ehre zu gelangen. Insbesondere findet man diese Variation bei Frauen, die zunächst auf Haushalt, Kinder und Partner fixiert sind und die dann später feststellen, daß sie selbst und ihre eigenen Ziele dabei auf der Strecke geblieben sind, und ihre Selbstverwirklichung plötzlich nachholen.

Anfangspunkt im 7. Haus und Endpunkt im 1. Haus. Hier ist das Eingehen auf den Partner oder das Publikum die Motivation und die Erhöhung des Egos das Ziel.

Da hier jeweils eine Opposition in der Mitte steht, liegen die Lernschritte am Anfang und am Ende.

Bei 7+4=10+1 stellt sich zum Beispiel jemand, dessen Ziel in der Erhöhung des eigenen Egos liegt, stark auf den Partner ein, frei nach dem Motto: »mit Speck fängt man Mäuse«. Als Belohnung dafür möchte er die Hände für den Beruf frei bekommen, den man vielleicht sogar im eigenen Haus ausübt, um durch die berufliche Anerkennung sein Ego zu erhöhen.

Bei 7+10=4+1 erlangt zum Beispiel eine Frau die Anerkennung ihres Egos dadurch, daß sie auf die Ausübung ihres Berufes verzichtet und stattdessen den Haushalt führt.

Häufiger als im 7. Haus beginnen die beschriebenen Fälle jedoch im 6. Haus, was zu der gemischten Variation 6+10=4+1 führt. Hier ist der Wunsch, eine anständige Arbeit abzuliefern der eigentliche Antrieb. Sowohl 7+10=4+1 als auch 6+10=4+1 sind sehr Erfolg versprechende Variationen, falls nicht Saturn am Schluß steht. Obgleich sowohl bei 7+4=10+1 als auch bei 7+10=4+1 eine Opposition in der Mitte steht, ist die letztere allem Anschein nach die günstigere.

Anfangspunkt im 7. Haus und Endpunkt im 4. Haus. Hier ist das Eingehen auf den Partner oder der Wunsch, dem Publikum zu gefallen, die Motivation. Heim und Familie, die Heimat oder die Tradition sind das Ziel.

Bei der Variation 7=1+10=4 liegt der Lernschritt beim Quadrat zwischen dem 1. Haus und dem 10. Haus. Frauen mit dieser Variation geben zum Beispiel aus Liebe zum Partner, die ihrem Ego schmeichelt, ihren Beruf auf und widmen sich nur noch dem Haushalt. Männer erweitern ihren Beruf in die Privatsphäre hinein und werden häufig Leiter eines Instituts.

Bei 7+10+1+4 , wo Quadrat auf Quadrat auf Quadrat folgt, kostet es wesentlich mehr Kraft, um ans Ziel zu gelangen. Hier findet man Fälle, wo es die Stellung in der Öffentlichkeit und die damit verbundene Schmeichelung des Egos schwer machen, das Privatleben zu genießen. Oder der private Raum muß durch Abschottungsmaßnahmen regelrecht erkämpft werden.

Anfangspunkt im 7. Haus und Endpunkt im 10. Haus. Hier ist das Eingehen auf den Partner oder der Wunsch, dem Publikum zu gefallen, die Motivation und die Selbstverwirklichung oder die Erlangung von Amt und Würden das Ziel.

Bei der Variation 7=1+4=10 liegt der Lernschritt beim Quadrat zwischen dem 1. Haus und dem 4. Haus. Diese Variation ist eine der Erfolg versprechendsten überhaupt, da die Auseinandersetzung zwischen dem Du und dem Ich zugunsten des Egos ausgeht und der Konflikt zwischen Haushalt, Familie und Beruf zugunsten des Berufes entschieden wird.

Bei 7+4+1+10, wo Quadrat auf Quadrat auf Quadrat folgt, kostet es wesentlich mehr Anstrengung ans Ziel zu kommen. Hier muß der Betroffene sich immer erst von den Ansprüchen des Partners und der Familie frei machen, um sein Ich durchzusetzen und seine eigenen Ziele zu verwirklichen.

Anfangspunkt im 10. Haus und Endpunkt im 1. Haus. Hier ist die Selbstverwirklichung oder die Erlangung von Amt und Würden die Motivation und die Erhöhung des Egos das Ziel.

Bei der Variation 10=4+7=1 liegt der Lernschritt beim Quadrat zwischen dem 4. Haus und dem 7. Haus. Diese Variation ist eine sehr vielversprechende. Hier greift zwar der Beruf stark auf das Privatleben über, wofür der Horoskopeigner aber vom Publikum mit der Erhöhung seines Egos belohnt wird.

Bei 10+7+4+1, wo Quadrat auf Quadrat auf Quadrat folgt, findet man Mitglieder von Königshäusern oder prominenten Familien, die trotz der öffentlichen Rolle, die sie zu spielen haben, trotz des Eingehens auf die Wünsche des Volkes und trotz der Vorschriften von Tradition und Etikette das Ziel haben, sich als Persönlichkeit darzustellen.

Anfangspunkt im 10. Haus und Endpunkt im 4. Haus. Hier ist die Selbstverwirklichung oder die Erlangung von Amt und Würden die Motivation und der Rückzug auf Haus und Familie oder die Förderung traditioneller Werte (z.B. das Vaterland) das Ziel.

Da hier jeweils eine Opposition in der Mitte steht, liegen die Lernschritte am Anfang und am Ende. Obwohl sich das 4. Haus hier am Schluß befindet, sind beide Variationen sehr vielversprechend.

Mit 10+1=7+4 streben Frauen ein hohes Ansehen an und heiraten einem prominenten Partner, der es ihnen ermöglicht, ganz im Bereich von Küche und Kindern aufzugehen. Bei Männern mit dieser Variation spielt die Idee vom Sieg für das Vaterland oder die Verherrlichung traditioneller Werte eine Rolle.

Bei 10+7=1+4 setzt sich zum Beispiel die Frau gegen ihren Partner durch und hat in ihrem Haushalt das absolute Sagen. Männer könnten ihr Ich gegenüber Partnern durchsetzen oder gegen Feinde kämpfen, bis hin zum Tod fürs Vaterland.

Anfangspunkt im 10. Haus und Endpunkt im 7. Haus. Hier ist die Selbstverwirklichung oder die Erlangung von Amt und Würden die Motivation und das Eingehen auf den Partner oder der Wunsch, dem Publikum zu gefallen, das Ziel.

Bei der Variation 10=4+1=7 liegt der Lernschritt beim Quadrat zwischen dem 4. Haus und dem 1. Haus. Meist hält man eine prominente berufliche Stellung inne, die weit in das Privatleben hineingreift, aber die Betroffenen stellen ihr Ego ganz in den Dienst am Publikum oder am Partner, wobei sie durch den Beifall immer wieder belohnt werden.

Bei 10+1+4+7, wo Quadrat auf Quadrat auf Quadrat folgt, bringt ein Mensch eigene Vorstellungen und Ziele und eine starke Persönlichkeit ein, die sich aber mit dem Überkommenen und mit der Tradition auseinandersetzen muß und schwer zu kämpfen hat, um sich beim Partner oder beim Publikum durchsetzen zu können.

Die fixierten Häuser

Wenn die kardinalen Voraussetzungen an ein Leben erfüllt sind, das Ich mit dem Du auskommt und von der geschützten Basis der Familie aus die eigenen Ziele verwirklicht worden sind, stellt sich die Frage nach der Sicherung des Erreichten.

Die Achse 2/8

Im materiellen Bereich geht es im 2. Haus um die Sicherung der Existenz durch dauerhaften Besitz, im 8. Haus um den Besitz des Partners. Hier streiten sich zwei Parteien um die Verteilung des Besitzes, wobei einer schließlich den Besitz des anderen für sich gewinnt (8/2) oder seinen Besitz an den anderen verliert (2/8). Da bei einer Opposition auch das Zusammenfügen zweier Pole möglich ist, besteht ferner die Möglichkeit, beide Besitzteile zusammenzulegen. Auch alle Auseinandersetzungen um gemeinschaftlichen Besitz gehören zu dieser Achse.

Auf einer höheren Ebene stellt das 2. Haus die Gaben und Talente dar, die das Rohmaterial für die Weiterentwicklung bilden. Das 8. Haus zeigt nicht nur das Rohmaterial eines Partners oder Gegners an, sondern auch das, was passiert, wenn wir mit unseren Fähigkeiten und Wertvorstellungen auf die eines Partners oder Gegners stoßen. Dabei entsteht ein Umwandlungsprozeß, bei dem die Raupe sterben muß, damit ein schöner Schmetterling geboren werden kann. Da diese Metamorphose mit Schmerzen und heftigen Gefühlen verbunden ist und für die Raupe letztlich tödlich endet, fürchten sich die meisten Menschen davor. Sie setzen daher alles daran, diesen Prozeß zu vermeiden. So finden wir mit dem 8. Haus am Endpunkt häufig Menschen vor, die zu Tätern geworden sind, weil sie um keinen Preis Opfer sein wollten. Oder auch die Umkehrung, nämlich Personen, die Opfer geworden sind, weil sie davor zurückschreckten, Täter zu werden. Horoskopeigner mit einer Konstellation, die im 8. Haus endet, brauchen daher meistens Hilfe und sollten sich von einem kompetenten Astrologen beraten lassen.

Es gibt aber auch Menschen, die von dem Stirb-und-Werde-Prozeß selbst so fasziniert sind, daß sie in irgendeiner Form an diesem Prozeß teilhaben wollen, zum Beispiel als Hebamme, als Inhaber eines Beerdigungsinstituts oder gar als Reinkarnationstherapeut. Vielleicht sind sie von Gottes Schöpfungsakt so fasziniert, daß sie ihn nachahmen wollen, um sich ihm ähnlich zu fühlen. Dies versuchen sie zum Beispiel mit der Sexualität, oder indem sie wie Pygmalion einen Menschen so umzuformen versuchen, daß ein ganz neues Geschöpf aus ihm entsteht. Diesen vom Schöpfungsakt so Faszinierten ist jetzt durch die Gentechnik ein Werkzeug gegeben worden, das sie glauben machen kann, Gott nicht nur ebenbürtig zu sein, sondern, indem sie eigenmächtig in die Natur eingreifen, Gott sogar noch zu übertreffen.

Die Achse 5/11

Sind die eine Existenz dauerhaft sichernden Grundlagen geschaffen worden, hat der Mensch Zeit, sich zu entspannen und das Leben zu genießen, frei nach dem Motto: »Hier bin ich Mensch, hier darf ich's sein!« Er kann ganz er selbst sein und sich so darstellen, wie er ist: der Mensch als Individuum (5. Haus).

Am anderen Pol, im 11. Haus steht dem Horoskopeigner eine Gruppe von Individuen gegenüber, die von ihren (freiwilligen) Mitgliedern die Einhaltung ihrer (selbstgeschaffenen) Regeln verlangt (Corporate Identity). Auf der Achse 5/11 geht es also um die Behauptung der eigenen Individualität gegen die Gruppenansprüche auf Unterwerfung unter ihre Regeln und um das Zurückstellen von egoistischen Einzelinteressen hinter die höher zu bewertenden Ziele der Gemeinschaft.

Da das Individuum des 5. Hauses aber vom Stolz auf sich selbst durchdrungen ist, versucht es oft, beide Pole in sich zu vereinen, indem es zum Leiter der Gruppe wird oder die Gruppe zur eigenen Selbstbeweihräucherung benutzt.

Ferner handelt das 5. Haus von den Wünschen und Sehnsüchten eines Menschen, das 11. Haus von den Wünschen und Sehnsüchten der Massen, um das, was »alle« gerne tun oder gerne haben möchten. Es handelt sich um das, was gerade »in« ist, um die Mode und den Zeitgeist – die geistigen Besitzwünsche. Da bei einer Opposition die Neigung besteht, beide Pole zusammenzufügen, finden wir hier Menschen, die einen »Riecher« dafür haben, was gewünscht wird, und gerade die Produkte auf den Markt bringen, die in der nächsten Saison Mode werden. Es sind die Marketingspezialisten und Publikumslieblinge, die bei den Käufern oder bei ihren Verehrern auf große Resonanz stoßen.

Das Zeichen Löwe ist als Entsprechung des 5. Hauses ein fixiertes Feuerzeichen und die Sonne dessen Herrscher, folglich sind die Individuen des 5. Hauses wie ein immerwährend brennendes Feuer. Ihr Interesse gilt der dauerhaften Erhaltung dieses Feuers und nicht der Änderung der Verhältnisse. Uranus, der Herrscher des Gegenpols (11. Haus), ist dagegen wie ein Wirbelwind, der den Menschen plötzlich und unerwartet neue, noch nie dagewesene, unerhörte Ideen einhaucht. Auf der Achse 11/5 kann daher die Auseinandersetzung zwischen dem Neuen und dem Alten eine Rolle spielen: im Extremfall löscht der Wirbelwind das Feuer aus und der Rebell stürzt den König.

Im fixierten Häuserkreuz haben wir also zwei Felder, denen es um die Erhaltung des Alten geht (2. und 5. Haus), und zwei Felder, in denen die Schaffung von etwas Neuem (8. und 11. Haus) thematisiert wird: im 8. Haus auf dramatische Weise, indem Altes zerstört wird, damit Platz für etwas Neues geschaffen wird; im 11. Haus dagegen finden neue Ideen, von denen keiner weiß, woher sie gekommen sind, Resonanz bei der breiten Masse und das Althergebrachte ist von heute auf morgen einfach »out«.

Hat jemand ein Großes Kreuz in den fixierten Häusern, muß er sich also damit auseinandersetzen, was passiert, wenn er als Individuum (5. Haus) mit seinen Fähigkeiten und Wertvorstellungen (2. Haus) auf die Talente und Ideale eines anderen Menschen (8. Haus) oder einer Gruppe (11. Haus) stößt. Das Ergebnis ist dann meist etwas völlig Anderes als zu Anfang.

Im besten Fall haben wir es mit Finanzgenies und Marketingspezialisten, Publikumslieblingen und großen Erneuerern zu tun. Im ungünstigeren Fall mit Menschen, welche die Möglichkeiten, die in diesem Häuserkreuz stecken, mißbrauchen, oder bei denen der Umwandlungsprozeß an sich das Ergebnis ist, und die sich daher wie in einem ständig brennenden Schmelztiegel vorkommen. Meistens brauchen diese Menschen Hilfe und sollten sich daher an einen kompetenten Berater wenden.

Anfangspunkt im 2. Haus und Endpunkt im 5. Haus. Bei dieser Variation besteht die Motivation in der Sicherung der eigenen Existenzgrundlage und das Ziel liegt im Genuß des Erreichten. Oder es beginnt mit der Anwendung der Talente und endet mit der Präsentation der eigenen Werke (in einer Vitrine) oder mit der Selbstdarstellung (auf einer Bühne).

Bei der Variation 2=8+11=5 liegt der Lernschritt beim Quadrat zwischen dem 8. Haus und dem 11. Haus. Hier findet man Fälle, wo das eigene Talent mit dem Geld eines Sponsors zusammengebracht werden muß, damit ein Theaterensemble, ein Filmteam oder ein Sportverein tätig werden oder weitermachen kann. Nur unter dieser Voraussetzung kann jemand als Schauspieler, Sänger, Tänzer oder Sportler groß herauskommen. Manchmal muß der Rohdiamant des eigenen Talentes (2. Haus) erst geschliffen werden (8. Haus), um gut genug zu werden, damit er in eine angesehene Gruppe (11. Haus) aufgenommen werden kann, aus der heraus er sich als Individuum (5. Haus) darstellen kann.

Bei 2+11+8+5, wo Quadrat auf Quadrat auf Quadrat folgt, ist der Horoskopeigner solange in einem ständigen Kampf zwischen seinen eigenen Wertvorstellungen, denen der Gruppe und jenen seines Partners verstrickt, bis er gestärkt als Individuum aus diesem Prozeß hervorgeht (falls dem Prozeß nicht ein Planet am Endpunkt entgegenwirkt).

Anfangspunkt im 2. Haus und Endpunkt im 8. Haus. Bei dieser Variation besteht die Motivation in der Sicherung der Existenzgrundlage gegen die Ansprüche anderer. Aber bei dem Endpunkt im 8. Haus ist die Natur des dort stehenden Planeten und die eher männliche oder weibliche Ausrichtung zu untersuchen, bevor ein

Urteil darüber abgegeben werden kann, ob der Betroffene die Konkurrenten oder den Umwandlungsprozeß unter Kontrolle bekommt oder zu deren Opfer wird.

Da hier jeweils eine Opposition in der Mitte steht, liegen die Lernschritte am Anfang und am Ende. Bei 2+5=11+8 unterwirft sich der Geborene letzlich den Regeln der Gruppe, bei 2+11=5+8 geht er gestärkt als Individuum aus der Auseinandersetzung hervor. Die Gefahr bei dieser Kombination ergibt sich aber aus dem Endpunkt im 8. Haus. Auf der niedrigsten Ebene gelebt, bedeutet Haus 2 dann Habsucht, Haus 5 Risikobereitschaft, Haus 11 organisiertes Verbrechen und Haus 8 als Endergebnis den Paten, der alle Macht in seine Hände bekommen hat, wobei er nicht vor Mord und Terror zurückschreckt.

Meistens jedoch erkennen die Geborenen diese Gefahr und suchen nach Ausdrucksformen, durch welche dieses Potential *legal* zum Ausdruck gebracht werden kann: manche werden zum Jäger von Verbrechern oder beteiligen sich an deren Resozialisierung im Gefängnis. Andere werden zum Jäger von Wild, zum Angler oder Metzger, vielleicht auch Chirurg oder Zahnarzt, oder aber Domina, wo die Verbindung von Sex und Gewalt am offensichtlichsten ist.

Anstatt zu rauben, gehen sie eher zum Finanzamt oder zum Zoll und werden anstelle von Wirtschaftsverbrechern zu Steuer- oder Zollfahndern. Anstatt Häuser niederzubrennen, gehen sie zur Feuerwehr.

Vielleicht leben sie ihre Machtphantasien als Verfasser oder Schauspieler von Krimis aus. Finden sie aber keine angemessene äußere Rolle, in der sie diese Energien abreagieren können, und wollen um keinen Preis zum Täter werden, zerstören sie sich oftmals auf die eine oder andere Art selbst.

Manche behandeln als Therapeuten die Opfer des Systems, was sich mit 5=11 oder 11=5 in der Mitte vorzugsweise durch Gruppenprozesse oder Seminare vollzieht.

Dieser Abschnitt wurde bewußt ausführlicher dargestellt, um zu vermeiden, daß er für die Horoskopeigner zu einem Alptraum wird. Wer diese Variation in seinem Geburtsbild hat, sollte daher in jedem Fall die Hilfe eines kompetenten Astrologen in Anspruch nehmen.

Anfangspunkt im 2. Haus und Endpunkt im 11. Haus. Bei dieser Variation besteht die Motivation in der Sicherung der Existenz und das Ergebnis im Aufgehen in einer Gruppe. Oder die eigenen Fähigkeiten bilden den Ausgangspunkt, und das Schaffen von etwas Neuem steht als Resümée; möglicherweise ist die Materie der Ausgangspunkt, während das Ziel in dem Versuch liegt, sie zu transzendieren.

Der Lernschritt bei der Variation 2=8+5=11 liegt im Quadrat zwischen dem 8. Haus und dem 5. Haus. Vaclav Havel ist ein gutes Beispiel hierfür. Seine Existenz und seine Wertvorstellungen waren ständig durch die kommunistischen Machthaber gefährdet und seine Individualität mußte sich andauernd gegen das kommunistische Kollektiv behaupten. Er gliederte sich aber in die Gemeinschaft eines Theaters ein, wurde mit Jupiter am Endpunkt im 11. Haus später zu dessen Leiter und nach dem Zerfall des Regimes zum Erneuerer und Lenker der Tschechoslowakei bzw. von Tschechien.

Auf einer alltäglicheren Ebene könnte diese Variation auch in der Tätigkeit als Reiseleiter oder Animateur ihren Ausdruck suchen, wo eine gewisse Machtposition mit der Selbstdarstellung und der Leitung einer Gruppe verbunden werden kann.

Bei 2+5+8+11, wo Quadrat auf Quadrat auf Quadrat folgt, befindet sich der Betroffene ständig in einem schmerzhaften Entwicklungsprozeß, in dem aus seinen Gaben und Talenten seine Individualität geformt wird, die sich sogleich in der Auseinandersetzung mit den Wertvorstellungen anderer bewähren und gegen diese durchsetzen muß, um letzlich zum Erneuerer zu werden. Hier sind jene Menschen zu finden, die den oft beschriebenen Weg der Habsucht, Genußsucht und von Sex und Macht gegangen sind, nach einem Läuterungsprozeß jedoch die Umkehr vollzogen haben und zum Guru oder Sektenführer wurden.

Auf einer anderen Ebene findet man auch Menschen, die aus Talent, Kreativität und einem »alchimistischen« Prozeß zu einer Erfindung kommen.

Anfangspunkt im 5. Haus und Endpunkt im 2. Haus. Hier ist die Selbstdarstellung die Motivation und die Sicherung der Existenz oder die Umwandlung der Marterie das Ziel.

Bei der Variation 5=11+8=2 liegt der Lernschritt zwischen dem 11. Haus und dem 8. Haus. Bei diesem Quadrat führt die Kreativität vielleicht zu einer Erfindung. Aber danach werden Geldgeber benötigt, damit die Neuheit auch in Produktion gehen kann und sich ganz nebenbei der eigene Geldbeutel füllt. Weiter findet man hier Fälle, wo ein starkes Individuum sich zum Leiter einer Gruppe macht und die Mitglieder lehrt, welchen Prozeß sie in Gang setzen müssen, um den Körper positiv zu beeinflussen.

Vielleicht schließt sich jemand auch einer Gruppe von Forschern an, die den Tod und sämtliche Risiken des Lebens abschaffen und neues Leben erzeugen wollen (zum Beispiel bei der Gentechnik).

Bei 5+8+11+2, wo Quadrat auf Quadrat auf Quadrat folgt, findet man beispielsweise Menschen mit großer Risikobereitschaft, die ständig auf der Suche nach fremden Geldern sind, um ein großes Geschäft mit Risikopapieren abzuschließen und dabei, der Natur des letzten Planeten entsprechend, entweder ihren Besitz vermehren oder auch nicht. Aber selbst wenn es zum Schluß zu einem Geldgewinn kommen sollte, ist der Weg bis dahin eine einzige Zitterpartie und der Betreffende steht vermutlich dauernd kurz vor einem Nervenzusammenbruch.

Anfangspunkt im 5. Haus und Endpunkt im 8. Haus. Bevor Sie hier weiterlesen, sollten sie zurückblättern und noch einmal lesen, was zur Achse 2/8 und dem Anfangspunkt im 2. Haus und dem Endpunkt im 8. Haus geschrieben wurde.

Bei dieser Variation ist die Selbstdarstellung oder die Behauptung der eigenen Individualität die Motivation. Aber mit dem Endpunkt im 8. Haus ist die Natur des in ihm stehenden Planeten und die eher männliche oder weibliche Ausrichtung zu untersuchen, bevor ein Urteil darüber abgegeben werden kann, ob der Horoskopeigner die Konkurrenten oder den Umwandlungsprozeß unter Kontrolle bekommt oder zu deren Opfer wird.

In der Variation 5=11+2=8 liegt der Lernschritt beim Quadrat zwischen dem 11. Haus und dem 2. Haus. Hier findet man zum Beispiel Betriebe, die mit einem Konzern fusionieren, wobei der Betriebsinhaber die Kontrolle über seinen Besitz verliert und damit auch die Macht abtritt. Oder jemanden, der in ein Kloster eintritt und dabei gleichzeitig sein Vermögen auf den Orden überträgt.

Vielleicht hat ein Betroffener aber auch mit Leben und Tod zu tun, zum Beispiel in einem Team von Chirurgen oder als Versicherungsvertreter, wo ein Unternehmen die »Risiken« von Leben, Tod und anderen Grenzfällen trägt.

Bei 5+2+11+8, wo Quadrat auf Quadrat auf Quadrat folgt, neigt der Geborene vielleicht zum Spielen oder zur Spekulation und verliert dabei seinen Besitz an eine Gruppe, die ihn in illegale Machenschaften verwickelt.

Anfangspunkt im 5. Haus und Endpunkt im 11. Haus. Hier ist die Selbstdarstellung oder die Behauptung des Individuums die Motivation, was mit dem Endpunkt im 11. Haus aber nur dann möglich ist, wenn man sich zum Leiter einer Gruppe erklärt oder durch eine Neuerung oder Erfindung glänzen kann.

Da hier jeweils eine Opposition in der Mitte steht, liegen die Lernschritte am Anfang und am Ende. Bei 5+8=2+11 findet man Menschen, deren Selbstdarstellung so überzeugend ist, daß ein Sponsor Geld springen läßt, um ihr Talent zu fördern, damit sie, zusammen mit einem Team, eine Erfindung oder eine Erneuerung durchsetzen können.

Bei 5+2=8+11 werden Kreativität und Talent erst einem mühsamen Formungsprozeß unterzogen, bevor der Horoskopeigner reif ist, in eine Gruppe hochrangiger Künstler aufgenommen zu werden.

Anfangspunkt im 8. Haus und Endpunkt im 2. Haus. Das Streben nach Macht oder der Prozeß der Metamorphose ist hier die Motivation und die Vergrößerung des Besitzes oder die Materialisation das Ziel.

Da jeweils eine Opposition in der Mitte steht, liegen die Lernschritte am Anfang und am Ende. Bei 8+11=5+2 geht es um die Umwandlung von fremdem Kapital oder Eigentum in eigenes Geld oder Besitz, wenn zum Beispiel durch einen Todesfall eine Erbengemeinschaft gebildet wird, und sich der Geborene seinen Anteil aus der Erbmasse erkämpfen muß, welcher dann zur Grundlage seiner Existenz wird.

Bei 8+5=11+2 könnte jemand durch Erbschaft oder durch einen Kredit zu Geld kommen, was es ihm ermöglicht, seine Kreativität und seine Innovationskraft einzusetzen, um ein neues Produkt herzustellen. Oder jemand ist von Gottes Schöpfungsakt so fasziniert, daß er mit Hilfe der Genmanipulation, seiner Kreativität und eines Forscherteams neue Geschöpfe in die Welt setzt.

Bei 8+11=5+2 ist jemand zum Beispiel materiell und ideell von einer Gemeinschaft abhängig und muß jetzt darum kämpfen, seine eigene Individualität samt eigener wirtschaftlicher Unabhängigkeit zu entwickeln.

Anfangspunkt im 8. Haus und Endpunkt im 5. Haus. Hier ist fremdes Geld, Macht oder der Prozeß der Metamorphose die Motivation und die Behauptung der eigenen Individualität, die Selbstdarstellung (auf einer Bühne) oder die Präsentation seiner Werke (in einer Vitrine) das Ziel.

In der Variation 8=2+11=5 liegt der Lernschritt beim Quadrat zwischen dem 2. Haus und dem 11. Haus. Hier geht es um das Wunder der Geldvermehrung für kulturelle Zwecke. Man findet hier Menschen, die ein Talent dafür haben, fremdes Geld für ein Theater, ein Wohltätigkeitskonzert oder einen Fußballverein zu organisieren, als Voraussetzung dafür, daß sie selbst dabei groß herauskommen.

Ein Beispiel mit dieser Konstellation ist der amerikanische Bankier John Pierpont Morgan Jr. mit Mars am Ende, der bedeutende Kredite zur Finanzierung des 1. Weltkriegs vermittelte und später Anleihen auflegte, um die Wirtschaft wieder anzukurbeln.

Mit 8+11+2+5 werden gewaltige finanzielle und innovative Anstrengungen unternommen, um ein neues Produkt zu schaffen, das von allen bewundert werden soll. Da hier aber Quadrat auf Quadrat auf Quadrat folgt, kann es gut sein, daß der Betroffene am Ende davon so erschöpft ist, daß er die mit der Präsentation seines Werkes verbundene Selbstdarstellung gar nicht mehr richtig genießen kann. Oder, falls Saturn am Ende steht, ist es ihm vielleicht in erster Linie um sein Werk gegangen, und die mit der Präsentation verbundene Selbstdarstellung ist ihm unangenehm.

Es kann auch sein, daß sich jemand in einem immer wieder von vorne beginnenden, also scheinbar nie endenden Prozeß der Erneuerung befindet (8=11), bei dem seine Wertvorstellungen einem ständigen Wandel unterzogen werden, und aus dem er als Individuum gestärkt hervorgeht.

Anfangspunkt im 8. Haus und Endpunkt im 11. Haus. Hier ist fremdes Geld, Macht oder der Prozeß der Metamorphose die Motivation und das Aufgehen in einem Kollektiv und/oder die Überwindung des Althergebrachten das Ergebnis.

Bei der Variation 8=2+5=11 liegt der Lernschritt im Quadrat zwischen dem 2. Haus und dem 5. Haus. Hier geht es wiederum darum, fremdes Geld locker zu machen, diesmal aber für einen guten Zweck zum Beispiel für Veranstaltungen wie »Rock gegen Rechts«.

Auch der Rennfahrer, der das Schicksal herausfordern will, indem er die Grenzen des Materials und seines Körpers auslotet, sich dabei zur Schau stellt und von der Begeisterung der Zuschauer davontragen läßt, ist hier anzutreffen.

Aber dies ist insbesondere ein Großes Kreuz für Esoteriker. Pluto als Herrscher des 8. Hauses und Herr über Leben, Tod und Wiedergeburt, und Uranus als Herr der Transzendierung des Bewußtseins sind ja die klassischen Zutaten für die Esoterik. Vor allem die Variation 8+5+2+11, wo Quadrat auf Quadrat auf Quadrat folgt, bringt den klassischen Weg der Versuchung: Macht, Sex, Habgier und schließlich die Transzendenz. Mit dem 11. Haus am Endpunkt sind diese Esoteriker natürlich auch besonders anfällig für Sekten.

Anfangspunkt im 11. Haus und Endpunkt im 2. Haus. Oftmals ist Saturn im 11. Haus der Ausgangspunkt. Aus dem Paradies der Ideen und Luftschlösser muß man erst vertrieben werden, um den Weg ins Irdische (2. Haus) zu gehen.

Bei 11=5+8=2 ist zum Beispiel jemand mit Saturn im 11. Haus am Anfangspunkt Außenseiter in einer Gruppe, die er deshalb verlassen will. Vielleicht herrschte dort aber Gemeinschaftseigentum, was ihn zwingt, seinen eigenen Anteil daraus zurückzugewinnen und/oder sich finanziell auf eigene Beine zu stellen.

Bei 11+8+5+2, wo Quadrat auf Quadrat auf Quadrat folgt, kann es auch darum gehen, seinen innovativen oder künstlerischen Ideen durch einen Prozeß der Metamorphose und Individuation eine konkrete Form zu verleihen.

Anfangspunkt im 11. Haus und Endpunkt im 5. Haus. Hier stehen die Interessen der Gruppe oder eine zündende Idee am Anfang und die Ausstellung der eigenen Werke (in einer Vitrine), die Selbstdarstellung (auf einer Bühne) oder die Stärkung der Individualität am Ende.

Da hier jeweils eine Opposition in der Mitte steht, liegen die Lernschritte am Anfangspunkt und am Endpunkt. Bei der Variation 11+2=8+5 liebt jemand zum Beispiel das Getragensein von einer Gruppe so sehr, daß er eigenes und fremdes Geld zusammenbringt, um am Ende auf einer Bühne stehen oder seine Werke ausgestellt sehen zu können.

Bei 11+8=2+5 fühlt sich ein Horoskopeigner mit Saturn am Anfangspunkt in einer Gruppe nicht wohl, von der er aber finanziell abhängig ist. So setzt er alles daran, seinen eigenen Anteil ausgezahlt zu bekommen, damit er eine eigene Existenz gründen kann, und er geht aus diesem Kampf als Individuum gestärkt hervor.

Da das 11. Haus auch für Ideen steht und das 5. Haus für Kinder (Schüler), kann es bei dieser Variation um die Weitergabe von Ideen oder einer Lehre durch Unterricht gehen. Das 2. Haus kann dann Körperarbeit und das 8. Haus einen Umwandlungsprozeß bedeuten.

Anfangspunkt im 11. Haus und Endpunkt im 8. Haus. Hier liegt die Motivation in dem Wunsch nach Erneuerung und das Verlangen nach Macht ist das Ziel.

Dies ist die klassische Konstellation für Rebellen und Reformer, die nach der Macht streben, oder für Idealisten, die der Macht unterliegen.

Bei der Variation 11=5+2=8 liegt der Lernschritt beim Quadrat zwischen dem 5. Haus und dem 2. Haus. Hier kommt es sehr darauf an, welcher Planet am Schluß steht und ob der Betroffene mehr männlich oder weiblich ausgerichtet ist. Mit Jupiter oder Sonne am Endpunkt benutzt ein Geborener zum Beispiel die gewonnene Macht dazu, seine Ideale in die Tat umzusetzen. Mit Pluto als Schlußlicht neigt er dazu, die Macht zu mißbrauchen oder aber zum Opfer der Macht werden. Hier findet man aber auch Fälle, wo die Erkenntnisse eines Wissenschaftlers zu üblen Zwecken ausgeschlachtet werden.

Wahrscheinlich ist diese Variation nicht immer so dramatisch. Zur weiteren Information empfiehlt es sich daher, auch die vorangegangenen Abschnitte mit dem Endpunkt im 8. Haus nachzulesen.

Bei 11+2+5+8, wo Quadrat auf Quadrat auf Quadrat folgt, findet man die Idealisten, die ständig in eine Fehde mit den bösen Kapitalisten, mit egoistischen Einzelinteressen und den Machthabern verwickelt sind, welche sie allesamt für die Verkörperung des

Bösen halten, und deren Auseinandersetzung manchmal einem Kampf gegen Windmühlen gleicht. Ein gutes Beispiel hierfür ist Michael McClure mit Uranus im Widder an der Spitze des 11. Hauses, Pluto im Krebs an der Spitze des 2. Hauses, Sonne in der Waage im 5. Haus und Saturn im Steinbock im 8. Haus am Ende. Er war ein Hippie, Lyriker, Erzähler und Dramatiker und schrieb über die Suche nach transzendenter Liebeserfahrung, wobei er provokative und obszöne erotische Stilelemente verwendete. Er griff auch den Staat an und schrieb Gedichte mit dem Titel *Book of Torture*, *Ghost Tantras* und den Roman *The Adept*.

Die veränderlichen Häuser

Während die Bewegung im kardinalen Häuserkreuz zielgerichtet ist und sich im fixierten Häuserkreuz im Kreise dreht, läßt sie sich im veränderlichen Häuserkreuz treiben, wohin der Wind sie weht, heute hierhin, morgen dorthin – immer unterwegs.

Ginge es nur um die Häuser 3, 9 und 12, hätten die Horoskopeigner sicherlich kaum Probleme mit dem veränderlichen Häuserkreuz. Aber das 6. Haus zwingt sie, sich einer Ordnung und Systematik anzupassen, die ihnen eher fremd ist. Es fordert von ihnen eine Ordnung, die, wenn sie nicht ihre eigene ist, als einengend empfunden wird, und vor der sie am liebsten in das grenzenlose Land der Phantasie entfliehen möchten.

Menschen mit einer Betonung des veränderlichen Häuserkreuzes leben gerne dem Augenblick, d.h. ihr Tun hat weder eine Motivation, noch ein Ziel, und die Stationen in der Mitte sind daher auch kein vermittelnder Durchgang auf dem Weg zum Ziel. Vielmehr befinden sich die Betroffenen so lange im »Hier und Jetzt« des einzelnen Hauses wie der jeweilige Transit dauert. Während bei den anderen Häuserkreuzen klar ein immer wiederkehrendes Muster zu erkennen ist, tritt dieses beim veränderlichen Häuserkreuz hinter der Tatsache der ständigen Veränderung zurück. Die Geborenen wirken daher auf ihre Mitmenschen oft wie ein Chamäleon.

Die Achse 3/9

Hat ein Geborener gelernt, seine Existenz zu sichern, dann kann er über den Zaun seines Besitztums (2. Haus) hinausschauen und feststellen, was sich in der Nachbarschaft so tut (3. Haus). Wenn ein

Mensch die Bedrohung oder sogar Vernichtung seiner Existenzgrundlage durch andere und die wunderbare Errettung seiner eigenen Person erfahren hat (8. Haus), dann ist es Zeit, nach dem Sinn zu fragen, der hinter diesen Dingen verborgen liegt (9. Haus).

Im 3. Haus geht es um das Lernen dessen, was ein Kind begreifen und von anderen abschauen kann, was es also lernen kann, indem es andere bei ihrer Tätigkeit beobachtet und imitiert. Wir würden vielleicht von Lernen durch Erfahrungen reden, was aber für das 3. Haus nicht zutrifft, denn der Bereich, in dem die Erfahrungen gesammelt werden, ist so eng begrenzt, daß er nicht er*fahren* zu werden braucht. Im 3. Haus geht es um das, was ein Kind in der Verwandtschaft, in der Nachbarschaft, in seinem Viertel oder in seinem Dorf lernen kann, um den Anforderungen des täglichen Lebens gerecht zu werden.

In früheren Zeiten erfolgte an der Schwelle zum Erwachsenwerden eine Initiation, in deren Verlauf den jungen Menschen all das beigebracht wurde, was ein Erwachsener vom Leben wissen mußte (9. Haus). Die ständige Erweiterung des Wissensspektrums erforderte es aber, auch schon im Bereich des 3. Hauses den Kindern über das reine Vermitteln der Grundtechniken wie Lesen, Schreiben und Rechnen hinaus, Informationen über die verschiedensten Wissensgebiete weiterzugeben. Das dem 3. Haus zugeordnete Lernen umfaßte die allgemeine Schulbildung einschließlich einer beruflichen Lehre. Danach ging der Geselle als Wanderbursche in die Welt hinaus, um seine Erfahrungen zu sammeln und seinen Horizont zu erweitern (9. Haus).

Um das Erfahrene weitergeben zu können, bedurfte es der Kommunikation. Beide Partner mußten entweder die gleiche Sprache sprechen oder zumindest einer von ihnen mußte das Vokabular des anderen beherrschen. Auch Botschaften mußten von einem zum anderen übermittelt werden. Um Fehler bei der mündlichen Weitergabe durch Mittelsmänner zu vermeiden, wurde eine Schrift entwickelt. Im Laufe der Jahrhunderte wurde das System der Übermittlung von Botschaften immer intelligenter und hat heute durch Fax und E-mails von einem Computer zum anderen einen vorläufigen Höhepunkt erreicht.

Während der Mensch, der nie aus seinem Dorf herausgekommen war, früher als beschränkt und ungebildet galt, gehört heutzutage ein Fernsehempfänger samt Satellitenschüssel zur Grundausstattung der abgeschiedensten Einsiedelei. Es ist inzwischen gut möglich, daß jemand, der nie sein Dorf verlassen hat, genau so gut über das Leben Bescheid weiß, wie jemand, der im Trubel der Stadt aufgewachsen ist. Die Grenzen zwischen dem 3. Haus und dem 9. Haus sind fließend geworden.

Dies erfordert eine neue Definition: Dem 3. Haus wird das gesamte Gebiet der Kommunikation und Medien einschließlich der Verkehrsnetze zugerechnet. Während dem 9. Haus früher alle internationalen Verbindungen, insbesondere der Schiffs- und Luftverkehr zugeordnet wurden, würde ich dies heute nur noch empfehlen, wenn es sich um interkontinentale Verbindungen handelt. Wer weiß, ob dies ab 1995, wenn Pluto in den Schützen und Uranus in den Wassermann eintreten, nicht schon wieder überholt ist, und nur noch der interstellare Verkehr wie die Raumfahrt und das »Beamen« (De-materialisation an einem und Re-materialisation an einem anderen Ort) von Wirtschaftsgütern oder Menschen dem 9. Haus zuzuordnen sind.

Weiter entspricht dem 3. Haus die gesamte Schulausbildung bis hin zum Abschluß einer Lehre oder des Abiturs. Das 9. Haus steht für das Hochschulstudium und für alles, in dem Meisterschaft und Größe angestrebt wird. Das 3. Haus repräsentiert alles Lernen zur Bewältigung des Alltags und die bloße Vermittlung von Fakten, dem 9. Haus entspricht ein Lernen, bei dem es um die Suche nach dem Sinn und/oder der Wahrheit geht – also die Gebiete der Geisteswissenschaft, Philosophie, Esoterik und Religion.

Bei einer Opposition zwischen beiden Häusern haben wir es meist mit Menschen zu tun, die aus der Enge ihres Nestes heraus ihren Horizont erweitern wollen, indem sie sich zum Beispiel im Ausland niederlassen oder eine höhere Bildung anstreben. Auch das Gegenteil kommt vor, wo jemand über seine Studien im »Elfenbeinturm« die Erfordernisse des Alltags und seines Körpers vollkommen vernachlässigt, wo jemand in so hohen Regionen schwebt, daß er sich der Allgemeinheit nicht mehr verständlich machen kann oder jemand in einer hohen Stellung nur noch unter Seinesgleichen verkehrt und daher blind und taub wird für die Nöte des »Mannes auf der Straße«, was ja bei Politikern nur zu häufig vorkommt.

Da aber beide Häuser zusammen die Kommunikationsachse bilden, fällt es hier nicht schwer, beide Seiten miteinander zu verbinden: das Ausland mit dem Inland, den Lehrer mit den Schülern, den Autor mit den Lesern, den Sänger mit den Zuhörern oder den Regisseur mit den Zuschauern.

An der Opposition zwischen dem 3. und 9. Haus liegt es daher auch nicht, wenn im veränderlichen Häuserkreuz Schwierigkeiten vorkommen. Sie treten erst dann auf, wenn die Oppositionen durch Quadrate an die Achse 6/12 angebunden sind, die den anderen Teil des Großen Kreuzes ausmacht.

Die Achse 6/12

Im 3. Haus, das dem Zeichen Zwillinge entspricht, haben wir es mit Merkur in der Tagesform zu tun (Morgenstern), dem es hauptsächlich um *input* (Eingabe) und *output* (Ausgabe) geht, ohne das, was weitergegeben wird, zu bewerten oder zu verarbeiten. Hier lernt Merkur binär nach dem Motto: »Wenn es dieses nicht ist, muß es jenes sein.«

Im 6. Haus, das mit dem Zeichen Jungfrau verknüpft ist, haben wir es mit Merkur in der Nachtform zu tun (Abendstern)[52]. Hier trennt er die Spreu vom Weizen. Der *input* wird gesichtet, bewertet und nach Stichwörtern sortiert in viele kleine Schublädchen abgelegt, um jederzeit wieder abgerufen werden zu können. Was unnütz ist wird ausgesondert, wiederum fein sortiert nach Wertstoffen und Restmüll.

Während ein Geborener im 5. Haus ganz und gar er selbst sein und spielerisch ausprobieren kann, wonach ihm gerade der Sinn steht, werden im 6. Haus seine Person und seine Werke kritisch unter die Lupe genommen. Ihm wird vorgeschrieben, wann er zu kommen und zu gehen hat, was er arbeiten muß und wie er die Arbeit verrichten soll. Der Mensch wird hier einer strengen Ordnung unterworfen, bei deren Nichteinhaltung er seine Arbeitsstelle verliert – er wird »frei« gesetzt.

---

[52] Falls die Zuordnung Merkurs als Herrscher der Jungfrau überhaupt richtig ist. Es gibt ja auch Astrologen, die in den Asteroiden Chiron, Vesta oder in der Erde selbst den Herrscher der Jungfrau sehen.

Diejenigen, die zunächst am Arbeitsleben teilgenommen haben und später aus der Ordnung herausgefallen sind, die Kranken, Arbeitslosen und Rentner, werden ebenfalls dem 6. Haus zugeordnet. Jene, die durch die Monotonie der Arbeit krank geworden sind, werden behandelt wie kaputte Maschinen, die Ursache wird festgestellt, das defekte Teil wird repariert oder ersetzt und dann funktioniert die »Maschine Mensch« wieder. Falls sie nicht wieder zu reparieren ist, wird die ganze Maschine, sprich der ganze Mensch einfach ersetzt.

Im 12. Haus darf alles einfach *sein*, ohne die Tatsache seiner Existenz begründen oder rechtfertigen zu müssen. Sinn und Wert leiten sich aus dem Gefühl des Einsseins mit dem Ganzen ab. Im 6. Haus dagegen muß alles einem Zweck dienen und zu etwas nützlich sein. Was nicht »in Ordnung« ist, »aus dem Rahmen fällt« oder »aus der Reihe tanzt« und so die Ordnung durcheinanderbringt, wer »zu nichts nutze« ist und keine Arbeit oder keinen festen Wohnsitz nachweisen kann, wird ausgesondert und in Gefängnisse, Heime oder Besserungsanstalten abgeschoben, oder die Gesellschaft sondert sich von ihnen ab.

Auf der Achse 6/12 geht es also um die dem Erdzeichen Jungfrau entsprechende irdische Ordnung und die dem Wasserzeichen Fische zugeordnete »Un«-Ordnung, das Chaos.

Viele Menschen klammern sich zwanghaft an die von Jungfrau geprägte Ordnung, die mit ihren Vorschriften den Spielraum zwar einengt, ihren Werktagen aber auch eine Struktur verleiht. Menschen, die arbeitslos wurden oder in Rente gingen, haben den Wegfall dieser geregelten Strukturen anfangs stark vermißt. Plötzlich spielte es keine Rolle mehr, wenn sie mittags aufstünden und morgens zu Bett gingen oder abends frühstückten. Schlimmer aber war, daß es nichts mehr gab, was ihren Tag ausfüllte. Es entstand eine große Leere, in die eine Flut von Bildern, Gefühlen, Ideen und Gedanken hereinströmen konnte, welche sich manchmal nirgendwo zuordnen ließen. So fühlten sie sich durch das Einfließen des Chaos bedroht und hatten Angst, verrückt zu werden.

Manche erkannten aber, daß in diesem Chaos der Same allen Lebens enthalten ist. Der Keim, in dessen kleinstem Teilchen (DNS) die Information des Ganzen enthalten ist, welches aus ihm entstehen kann. Sie erkannten, daß aus diesem Wasser des Lebens alles hervorgeht und sich am Ende alles wieder in ihm auflöst bis auf die Essenz des Aufgelösten, die zum Keim für neues Leben wird. Das 12. Haus als Anfang und Ende allen Seins. Aber ihnen wurde auch bewußt, daß im Fluß des Lebens alles mit allem verwoben ist, alle mit einem und einer mit allen. Vielleicht begriffen sie dann auch die Essenz Gottes, des All-Eins-Seins.

Auf dieser Achse, der Existenzachse, geht es also um den Gegensatz der irdischen Ordnung des 6. Hauses zur kosmischen Ordnung des 12. Hauses. Wir finden hier sowohl Menschen, die der Monotonie und den eingefahrenen Strukturen des 6. Hauses entkommen wollen und auf die eine oder andere Art »aus der Ordnung« fallen, als auch solche, die aus Angst vor dem Chaos zu »Workaholics« werden.

Das 6. Haus hat als Erdhaus mit dem Faßbaren, mit der Materie zu tun, das 12. Haus als Wasserhaus mit dem Unfaßbaren, das immer dann wegtaucht, wenn man glaubt, es erfaßt zu haben. Während das 6. Haus alles nach Art und Unterart bestimmt, sind die Dinge des 12. Hauses unbestimmt, sie wechseln die Farbe, Form und Größe und das, was man sieht, ist oft trügerisch. So gehören zum 12. Haus auch alle noch nicht wissenschaftlich nachgewiesenen Energien wie Radiästhesie, Reiki, Akupunktur, Fußreflexzonen, Homöopathie; die des Wassers, der Blüten, der Düfte, der Farben und der Edelsteine, aber auch die des Yoga, der Meditation, der Suggestion, der Hypnose sowie aller Drogen.

Somit geht es auf der Achse 6/12 auch um den Gegensatz von Schulmedizin, bei der im Falle von Krankheit einzelne Teile des Menschen als defekt gelten und zu reparieren sind (6. Haus), und der alternativen Medizin (12. Haus), bei der immer der Mensch als Ganzheit von Körper, Geist und Seele betrachtet wird und durch Einwirken auf alle Teile wieder »heil«, also ganz gemacht werden soll.

Da das veränderliche Häuserkreuz auch etwas mit Kommunikation zu tun hat, finden wir im 3. Haus die Kommunikation durch Medien, im 6. Haus über den Dienstweg, im 9. Haus über Ländergrenzen und Kontinente hinweg bis in den Weltraum und im 12. Haus durch Telepathie, Channeling und Transkommunikation. Letztlich geht es also um Begrenzung (3. und 6. Haus) und Entgrenzung (9. und 12. Haus).

Schließlich soll hier noch erwähnt werden, daß nach Meinung von Karen Hamaker-Zondag[53] Planeten im 12. Haus auch eine »Erblast« anzeigen können, die für die Wünsche, Hoffnungen und Ziele der Eltern, manchmal sogar der Großeltern und Ur-Großeltern steht, die diese nicht verwirklichen konnten und unbewußt auf das Kind übertragen haben. Das spielt vermutlich besonders dann eine Rolle, wenn das 12. Haus am Anfang eines Großen Kreuzes steht.

Anfangspunkt im 3. Haus und Endpunkt im 6. Haus. Hier liegt der Ausgangspunkt im Alltäglichen oder im Wunsch nach Kommunikation und der Endpunkt im 6. Haus von Arbeit, Gesundheit und Sozialem. Kein Wunder, daß man mit dieser Kombination nur selten berühmt wird.

Bei der Variation 3=9+12=6 liegt der Lernschritt beim Quadrat zwischen dem 9. Haus und dem 12. Haus. Hier findet man Menschen, die vom Alltäglichen weg nach Höherem streben und dabei mit dem Bereich des Einsseins und der Nächstenliebe Bekanntschaft machen und diese schließlich in einen sozialen Dienst einbringen. Aber auch Künstler, die den aus dem Chaos des 12. Hauses empfangenen Bildern konkrete Struktur geben und ihre Arbeit wie einen Gottesdienst zelebrieren. Oder in der Suchttherapie Tätige, die Süchtige durch Gewöhnung an Arbeit und Ordnung heilen wollen. Auf einer alltäglicheren Ebene finden sich hier Menschen, die das Inland mit dem Ausland und das Meer mit dem Land verbinden.

Bei 3+12+9+6, wo Quadrat auf Quadrat auf Quadrat folgt, ist die Verbindung sprunghafter und problematischer. Wenn jemand vom Alltäglichen direkt in das Gebiet des Unfaßbaren gelangt, ist der Übergang zur Wissenschaft und von dort zur Arbeitsroutine nicht ganz einfach. Wirkt sich dies nicht so aus, daß sich jemand durch die Berührung mit den Werten des 12. Hauses einer Kirche anschließt und von dort aus auf sozialem Gebiet tätig wird, die Arbeit somit zum Ausdruck der umfassenden Liebe des 12. Hauses wird, dann kann das sich Wiederfinden in der Arbeitsroutine zu einem Krankheit auslösenden Faktor werden.

---

53 Karen Hamaker-Zondag: *Das 12.Haus - Die verborgene Kraft in unserem Horoskop.* (Hamburg: Verlag Hier und Jetzt, 1992) p.58ff.

Anfangspunkt im 3. Haus und Endpunkt im 9. Haus. Bei dem Anfangspunkt im 3. Haus des Grundwissens und dem Endpunkt im 9. Haus der höheren Erkenntnis, ist die Erweiterung des Wissens hier die treibende Kraft.

Da hier jeweils eine Opposition in der Mitte steht, liegen die Lernschritte am Anfang und am Ende.

Bei 3+6=12+9 beginnen die Betroffenen im Bereich des Alltags und der Arbeit. Auch wenn danach eine Opposition folgt, ist das Aufgeben der irdischen Ordnung, die Halt verleiht, zugunsten eines unstrukturierten Chaos gar nicht so einfach. Deshalb streben die Betroffenen danach, so schnell wie möglich wieder aus dem Ungewissen herauszukommen, indem sie versuchen, den Inhalten des 12. Hauses einen wissenschaftlichen Rahmen zu verpassen. Auch Menschen mit einer Liebe zu Jugendlichen (3. Haus), die in einem Umfeld von Gesundheit und Sozialem aufgewachsen sind und schon früh mit dem Gedankengut des Einsseins und der Nächstenliebe vertraut gemacht wurden, sind hier zu finden. Ein Beispiel hierfür wäre Mia Farrow, die zeitweise in einem Kloster aufgewachsen ist und mit Mond im 9. Haus zuletzt als Übermutter mit elf (eigenen und adoptierten) Kindern im Rampenlicht stand.

Während man bei 3+6=12+9 Wissenschaftler antrifft, die zunächst praktische Versuchsreihen durchführen und sich dann in Klausur begeben, um das Ergebnis schriftlich niederzulegen und zu veröffentlichen, steht bei 3+12=6+9 am Anfang eine Idee oder eine Theorie, die dann experimentell nachgewiesen wird, worauf schließlich die Veröffentlichung und die Anerkennung als Kapazität folgt. Aber hier ist die Opposition 12=6 nicht einfach, gleicht doch das sich Einfügen in eine Ordnung, welche nicht die eigene ist, meist einer Zwangsjacke, die sich als Krankheitsfaktor erweisen kann, wenn zum Beispiel Saturn im 9. Haus das Erlangen von Größe verhindert.

Anfangspunkt im 3. Haus und Endpunkt im 12. Haus. Hier ist das Alltägliche, die Kommunikation oder der Wissensdurst der Ausgangspunkt. Der Rückzug vom Alltag, das Schweigen, die Auflösung des Egos und die Vereinigung mit dem Einen bildet das Resultat. Dieses Ergebnis ergibt sich eher zufällig und wird nicht von vorneherein angestrebt.

Wurde dieses Ziel erreicht und ist der Betroffene in der Versenkung verschwunden (zum Beispiel in einem Kloster), hört man im allgemeinen nichts mehr von ihm. So ist auch die große Anzahl der Berühmten mit dieser Variation auf die Nähe der Geburtsplaneten zum Aszendenten zurückzuführen (falls sie nach einer Geburtszeitkorrektur nicht überhaupt dem 1. bzw. 7. Haus zuzurechnen sind). Eine große Ausnahme von dem Schweigen am Ende finden wir bei Musikern, für die die Musik zu einer anderen Ausdrucksform ihres Wunsches nach Kommunikation geworden ist.

Die Variation 3+6+9+12 scheint besser geeignet zu sein, um berühmt zu werden, da die Aufeinanderfolge von Quadraten den nötigen Druck verleiht, um bei einem Anfangspunkt im Haus des Alltäglichen und den veränderlichen Häusern überhaupt zu Erfolgen zu kommen. Neben Musikern gibt es hier auch Gehirnforscher, ebenfalls eine Thematik des 12. Hauses. Auf einer alltäglicheren Ebene findet man hier die Praktiker (3. und 6. Haus), die nach einer Erweiterung ihres Wissens streben und sich im Rückzug bei einer Tätigkeit des 12. Hauses wieder regenerieren, im besten Fall durch Musizieren, Malen oder Gedichte schreiben, meistens aber nur durch die Bilderwelt des Fernsehens und eine Flasche Bier.

Bei 3=9+6=12 ist zum Beispiel jemand nach seinem Studium (3/9) zunächst in einem normalen Beruf tätig, macht aber später esoterisches Gedankengut zu seiner Profession. Oder ein Mediziner erweitert seine schulmedizinischen Kenntnisse und wendet danach auch alternative Heilmethoden an.

Anfangspunkt im 6. Haus und Endpunkt im 3. Haus. Hier liegt die Motivation in der Arbeit und dem sich Einfügen in eine vorgegebene Ordnung. Es versteht sich von selbst, daß Menschen mit diesen Strukturen und dem Endpunkt im 3. Haus des Alltäglichen, der Nachbarschaft, der Verwandtschaft oder der Kommunikation nur selten berühmt werden.

Bei der Variation 6=12+9=3 liegt der Lernschritt an sich beim Quadrat zwischen dem 12. Haus und dem 9. Haus. Da aber die Opposition 6=12 ein Aufgeben der irdischen Ordnung zugunsten der kosmischen Ordnung bzw. des schöpferischen Chaos verlangt, sind hier schon die Energien der Opposition nicht leicht miteinander zu vereinbaren. Im darauf folgenden 9. Haus des höheren Wissens wird der Betroffene sich vermutlich viel wohler fühlen und seine Erkenntnisse gerne an andere weitergeben.

Hier begegnet man dem pedantischen Lehrer, der dem Chaos in einer Nische seines Privatlebens Raum gibt oder durch den reichlichen Genuß von Tabak und Alkohol zum Ausdruck bringt. Menschen, die aus sozialen Motiven heraus die Arbeit (*labora*) mit dem Gebet (*ora*) verbinden und in ein Kloster eintreten, wo sie dann als LehrerIn arbeiten, sind hier ebenfalls beheimatet. Oder jene Wissenschaftler, die zunächst praktische Versuche anstellen und sich dann in Klausur begeben, um die Versuchsergebnisse für eine spätere Veröffentlichung schriftlich niederzulegen. Auch Schriftsteller, die zuerst einen gut strukturierten Plan für ihr Werk erstellen, danach aber alles Weitere dem Einfließen aus der Phantasie überlassen. Mit 9=3 am Ende geht es ihnen dabei nicht so sehr um das Erlangen von Größe, sondern um das Wort an sich. Dabei kann das 9. Haus auch eine mengenmäßige Inflation von Wörtern bedeuten, so daß Marcel Reich-Ranicki von ihnen sagen würde, daß sie »das Wort nicht halten können.« Aber auch andere Menschen, die präzise Arbeit mit Phantasie verbinden, und deren Ergebnis durch Kommunikationsmittel an den Mann bringen, findet man hier.

Bei 6+9+12+3, wo Quadrat auf Quadrat auf Quadrat folgt, ist es noch schwieriger, die Denkweise von Analyse (6. Haus), Synthese (9. Haus) und Transzendenz (12. Haus) miteinander zu verbinden, bevor man sie weiter vermitteln kann.

Das 12. Haus zwischen dem 9. und dem 3. Haus könnte aber auch bedeuten, daß ein Lehrer/Autor Schwierigkeiten hat, von seinen Schülern/Lesern verstanden zu werden, daß er zwar weiß, was er sagen will, aber unter dem neptunischen Einfluß des 12. Hauses nicht die richtigen Worte findet oder sich seine Gedanken verwirren. Der Adressat, der »Mann auf der Straße« oder der durchschnittliche Schüler, mögen ihn bloß für einen »Spinner« halten, den man nicht ernst nehmen kann.

Anfangspunkt im 6. Haus und Endpunkt im 9. Haus. Hier liegt die Motivation in der Arbeit oder im sich Einfügen in eine vorgegebene Ordnung und das Ziel in der Erweiterung des Horizonts, sowohl im wörtlichen als auch im übertragenen Sinne. Wenn eine herausragende Leistung das Ergebnis ist, hat der Betroffene sicher nichts dagegen. Führt die Leistung aber dazu, daß *er selbst* als Größe herausgestellt wird, so wird dieses ihm sicherlich große Verlegenheit bereiten, da seine Motivation ja in der Anpassung an eine vorgegebene Ordnung besteht.

Die Variation 6=12+3=9 ähnelt in ihrer Ausprägung stark der oben besprochenen Kombination 6=12+9=3. In der äußeren Erscheinungsform kann man vielleicht gar keinen großen Unterschied erkennen. Dieser ist aber tatsächlich vorhanden und liegt in dem *Ziel*, das sich die Betroffenen gesetzt haben. Bei 6=12+9=3 geht es den Geborenen in erster Linie um das Wort, die Kommunikation oder das Erreichen der Schüler, der Leser oder Zuschauer. Bei 6=12+3=9 steht das Erringen von Meisterschaft im Vordergrund.

Hierher gehören zum Beispiel diejenigen, die viel Arbeit in die Lösung eines Problems stecken, sich zu diesem Zweck zunächst zurückziehen und letztendlich feststellen müssen, daß ihr Wissen nicht ausreicht. Also eignen sie sich noch mehr Kenntnisse an, indem sie Lehrer (9. Haus) aufsuchen, an Seminaren teilnehmen oder extra zu diesem Zweck auf Reisen gehen.

Hier findet man aber auch Menschen, bei denen die Station des 12. Hauses ein unbestimmtes Fernweh bedeutet, und die sich eine Arbeit suchen, wo sie zwischen dem Inland und dem Ausland unterwegs sein können.

Besonders kreativ scheint die Variation 6+3+12+9 zu wirken. Bei insgesamt 6 Fällen fand ich hier 3 Schriftsteller und 2 Regisseure, von denen einer auch als unsteter Europareisender klassifiziert wurde und die Familie eines anderen nach Amerika ausgewandert ist. Die Thematik ihrer Bücher und Filme läßt vermuten, daß sie zunächst den Alltag (Arbeit und Umfeld) studiert haben und dann in sich gingen, um zum Schluß mit einem Werk groß herauszukommen.

Anfangspunkt im 6. Haus und Endpunkt im 12. Haus. Hier liegt der Ausgangspunkt in der Wertschätzung von Ordnung und Struktur und der Endpunkt in der Auflösung der irdischen Ordnung in schöpferisches Chaos. Oder die Motivation befindet sich in der Arbeit und resultiert im Rückzug von der Welt.

Da hier jeweils eine Opposition in der Mitte steht, liegen die Lernschritte am Anfang und am Ende. Die Variation 6+9=3+12 habe ich nur einmal bei einem Astrologen, Okkultisten und Parapsychologen gefunden, der sich auch als Autor betätigt hat. Im Alltagsleben könnte sie bei Musiklehrern vorkommen, die nach getaner Arbeit in der Musik aufgehen und sich so wieder »auftanken«.

Bei 6+3=9+12 könnte es zum Beispiel darum gehen, daß jemand mit einer körperlichen Schwäche geboren wurde (6. Haus) und diese durch Bewegungstraining (3. Haus) zu beheben versucht, wobei er sich nicht nur zu einer sportlichen Größe entwickelt (9. Haus), sondern die Ausübung seines Sports (zum Beispiel Langstreckenlauf) einen meditativen oder hypnotischen Charakter annimt (12. Haus).

Auch in Heilberufen tätige Menschen, die zunächst nur ihr Fachwissen (3. Haus) erweitern (9. Haus) wollen und dabei bei alternativen Methoden (12. Haus) ankommen, begegnet man mit dieser Kombination.

Anfangspunkt im 9. Haus und Endpunkt im 3. Haus. Bei dieser Variation liegt die Motivation im Streben nach Größe, was mit dem Endpunkt im 3. Haus des Alltags, der Nachbarschaft und der Verwandtschaft aber nur schwer zu verwirklichen ist. Die Motivation kann aber auch in der Erweiterung des Horizonts sowohl im wörtlichen als auch im übertragenen Sinne bestehen, und das 3. Haus am Schluß kann die Adressaten des erworbenen Wissens anzeigen, also Schüler, Leser oder Zuschauer.

Da hier jeweils eine Opposition in der Mitte steht, liegen die Lernschritte am Anfang und am Ende. Bei 9+6=12+3 findet man Schriftsteller, die den Wunsch nach Größe mit Arbeitseinsatz in schöpferischer Klausur verbinden und denen es hauptsächlich um das Wort oder die Wünsche der Leser geht. Auch Journalisten, die akribisch recherchieren (6. Haus) und dabei oft im Trüben fischen (12. Haus), findet man hier. Auch Menschen, die gerne reisen und sich eine Arbeit suchen, bei der sie ihr Fernweh stillen können, und die darüber später Berichte und Bücher schreiben oder Dokumentarfilme drehen, kennzeichnet diese Variation.

Bei 9+12=6+3 entwickeln die Menschen am Anfang eine Theorie, die sie hinter verschlossenen Türen in praktischen Versuchen nachprüfen, um sie danach zu veröffentlichen. Hier findet man aber auch Menschen mit Fernweh und einer Liebe zum Meer, die am Ziel ihrer Sehnsucht feststellen, daß diese zu Arbeit und Alltag geworden ist. Oder Menschen, die voller Sehnsucht in die Welt hinaus reisen und immer wieder feststellen, daß es in der Fremde auch nicht viel schöner ist als zu Hause.

Anfangspunkt im 9. Haus und Endpunkt im 6. Haus. Bei dieser Variation liegt die Motivation in der Theorie und der Endpunkt in der Bewährung durch die Praxis. Wenn aber das Erlangen von Größe den Beginn darstellt, kann der Horoskopeigner mit dem Endpunkt im 6. Haus der Arbeit und Gesundheit sehr frustriert werden, wenn er an seine Grenzen stößt.

Bei der Variation 9=3+12=6 liegt der Lernschritt im Quadrat zwischen dem 3. Haus und dem 12. Haus. Hier findet man Menschen, die in bedeutende und reiche Familien hineingeboren wurden und sich beim »Otto Normalbürger« beliebt machen wollen, indem sie aus einem Gefühl der Verbundenheit (12. Haus) heraus soziale Maßnahmen (6. Haus) durchführen. Aber auch Größen des Showgeschäfts (9. Haus: Sänger, 3. Haus: Zuhörer), die Drogen genommen haben, um die damit verbundenen Strapazen körperlich durchhalten zu können.

Bei 9+12+3+6 ist die totale Entgrenzung die Motivation; Alltag und Arbeit sind das Ergebnis. Im besten Fall finden wir hier Schriftsteller, die sich Motive des 12. Hauses zum Thema gemacht haben, oder Reiseautoren, die sich häufig an Kinder und Jugendliche wenden (3. Haus), um diesen einen Hauch von Abenteuer oder Phantasie in ihren Schulalltag zu bringen (mit Uranus oder Neptun am Endpunkt im 6. Haus).

Hat jemand die Entgrenzung zur Motivation, findet sich aber am Endpunkt immer in den Schranken des Alltags und der Arbeit wieder, so ist dies derart frustrierend für ihn, daß er dadurch krank werden kann. Andererseits entspricht diese Variation auch Menschen, die durch Drogen die Grenzen überschreiten wollten, und die durch Gewöhnung an den Alltag und die Arbeit von ihrer Sucht loskommen wollen.

Anfangspunkt im 9. Haus und Endpunkt im 12. Haus. Hier liegt die Motivation in der Suche nach dem Sinn, der mit dem Endpunkt im 12. Haus auch gefunden wird, allerdings in einer höheren Dimension.

Bei der Variation 9=3+6=12 liegt der Lernschritt beim Quadrat zwischen dem 3. Haus und dem 6. Haus. Hier findet man Hochschullehrer, die in ausdauernder Arbeit die Arbeitsweise des Gehirns (12. Haus) erforschen, ebenso wie Kirchenmenschen, die als LehrerIn tätig sind und die Arbeit (labora: 6. Haus) mit dem Gebet (ora: 12. Haus) verbinden.

Bei 9+6+3+12, wo Quadrat auf Quadrat auf Quadrat folgt, ist der Weg zur Entgrenzung steiniger. Im besten Fall kann sich der Geborene am Ende durch Musik oder Meditation wieder aufladen, im schlimmsten Fall wendet er sich Alkohol oder Drogen zu oder wird ein Fall für die Psychiatrie. Auch Fälle, wo jemand, der »nach oben« will, mit seiner Arbeit nicht genug Geld verdient und nebenbei einen Handel betreibt, bei dem es nicht immer mit rechten Dingen zugeht und schließlich im Gefängnis landet, gehören hierher.

Anfangspunkt im 12. Haus und Endpunkt im 3. Haus. Nirgendwo ist die Motivation geringer als mit dem Anfangspunkt im 12. Haus. Denn hier darf der Mensch einfach nur *sein*, ohne seine Existenz begründen oder rechtfertigen zu müssen. So erscheint der Prozeß, der durch den Ablauf des Großen Kreuzes beschrieben wird, hier eher zufällig. In Wirklichkeit folgt der Betroffene seiner inneren Stimme oder der Führung Gottes beziehungsweise der Hand des Schicksals.

Bei der Variation 12=6+9=3 liegt der Lernschritt beim Quadrat zwischen dem 6. Haus und dem 9. Haus. Hier findet man Menschen, die aus einem Gefühl der Verbundenheit mit allen Menschen und allen Dingen zu einer sozialen Einstellung gefunden haben, und dieses Wissen durch Unterricht oder Veröffentlichungen weitergeben, zum Beispiel als Lehrer für Arbeits- und Sozialrecht.

Bei 12+9+6+3, wo Quadrat auf Quadrat auf Quadrat folgt, könnte die Motivation des Betroffenen in den Wünschen, Hoffnungen und Zielen liegen, die die Eltern unbewußt auf das Kind übertragen haben, wie das bei Eiskunstläuferinnen öfter vorkommt, deren Mütter selber schon Eiskunstläuferin werden wollten, und die mit viel Arbeit und Disziplin (6. Haus) die Beweglichkeit (3. Haus) trainieren.

Da das 3. Haus mit Kommunikation und Bewegung zu tun hat und das zwischen dem 9. Haus und 3. Haus eingeschobene 6. Haus mit Krankheit assoziiert wird, könnte es sich hier auch um Lehrer für Menschen mit Hörschäden und Sprachfehlern, für autistische oder legasthenische Kinder oder Menschen mit Bewegungsstörungen handeln.

Anfangspunkt im 12. Haus und Endpunkt im 6. Haus. Bei dieser Variation liegt der Ausgangspunkt im schöpferischen Chaos oder im ungelebten Leben der Eltern, und der Endpunkt im 6. Haus von Arbeit, Gesundheit und Sozialem.

Da hier jeweils eine Opposition in der Mitte steht, liegen die Lernschritte am Anfang und am Ende. Bei 12+3=9+6 findet man zum Beispiel Künstler oder Schriftsteller, die aus dem Brunnen des Chaos schöpfen und vom Alltag weg nach Höherem streben, die in ihrer Arbeit dem schöpferischen Chaos in ihrem Inneren Form und Struktur geben, und dabei ihre Arbeit wie einen Gottesdienst zelebrieren.

Wenn das ungelebte Leben der Eltern die unbewußte Motivation ist, der Geborene aber nur eine Grundausbildung erhalten und sich zum Beispiel auf eigene Faust autodidaktisch weitergebildet hat, dann allerdings bei einer Arbeit hängenbleibt, die seinem Wissen nicht entspricht, kann diese Kombination zu Krankheit führen, selbst wenn Jupiter am Ende steht. Das Gleiche gilt für Künstler oder Schriftsteller, die von ihrer Kunst nicht leben können und zusätzlich einem Broterwerb nachgehen müssen.

Bei 12+9=3+6 ist der Wunsch nach Größe noch stärker ausgeprägt, da hier das 9. Haus dem 12. unmittelbar folgt. Menschen mit einem »Guru«-Komplex findet man mit dieser Konstellation, die vielleicht tatsächlich glauben, der »Messias« zu sein. Sie meinen, der Welt eine Lehre bringen und Jünger um sich scharen zu müssen, um die Mühseligen und Beladenen aus dem irdischen Jammertal des 6. Hauses zu erretten. In abgemilderter Form können wir diesen »Guru«-Komplex auch bei Lehrern vorfinden (9=3 in der Mitte). Sowohl bei 12+3=9+6 als auch bei 12+9=3+6 könnte sich die Realität des 6. Hauses am Ende als Desillusionierung der anfänglichen Ideale erweisen und so zu Krisen führen.

Anfangspunkt im 12. Haus und Endpunkt im 9. Haus. Hier liegt die unbewußte Motivation im ungelebten Leben der Eltern oder im schöperischen Chaos und der Endpunkt im Erreichen der Größe, falls Saturn im letzten Haus der Entwicklung nicht entgegensteht.

Obwohl bei 12=6+3=9 nur *ein* Quadrat vorhanden ist, habe ich hier weniger Berühmte gefunden als bei der Kombination 12+3+6+9. Zwar verleitet das 12. Haus unbewußt dazu, nach Größe zu streben. Aber die fehlende Zielgerichtetheit des veränderlichen Häuserkreuzes ist nicht besonders gut dazu geeignet, die angestrebte Größe auch zu erreichen. Bei 5 von 8 Berühmten mit dieser Kombination stand Pluto allein oder zusammen mit Jupiter am Ende. Für den Erfolg ist hier offenbar sowohl ein starker Planet am Ende als auch die herausfordernde Folge von Quadraten notwendig.

Auch wenn Pluto oder Jupiter am Ende fehlen, kommen Menschen mit dieser Kombination im Alltag gut zurecht, es sei denn, daß Saturn den Abschluß bildet. Wahrscheinlich handelt es sich um »Steh-auf-Männchen«, die immer wieder auf die Füße fallen.

Ein häufig zu beobachtendes Phänomen ist das Zusammentreffen von veränderlichen Häusern und veränderlichen Zeichen. Ein extremes Beispiel hierfür ist das Geburtsbild von Herman Gorter. Bei ihm finden wir Sonne und Jupiter im Schützen im 3. Haus, Chiron in den Fischen im 6. Haus, Mars in den Zwillingen im 9. Haus, Vesta in der Jungfrau im 12. Haus und zum Schluß Merkur im Schützen im 3. Haus.

Im Detail betrachtet sieht dies so aus: Jupiter als Herrscher des Schützen (9. Haus) steht in seinem Zeichen und im entgegengesetzen 3. Haus. Chiron als Mitherrscher des 6. und 9. Hauses befindet sich in den Fischen (12. Haus) und im entgegengesetzten 6. Haus. Mars steht in den Zwillingen (3. Haus) und im gegenüberliegenden 9. Haus. Vesta als vermutliche Mitherrscherin des 6. und 9. Hauses in der Jungfrau (6. Haus) steht im polaren 12. Haus. Merkur als Herrscher des 3. und 6. Hauses steht im Schützen (9. Haus) und im entgegengesetzten 3. Haus.

Bei einer solchen Verkettung, wo die Hausqualität der Zeichenqualität genau entgegen liegt, und das Große Kreuz, was auch häufiger vorkommt, in demselben Haus endet, in welchem es auch begonnen hat, vermischen sich die beteiligten Energien so stark, daß kein klares Bild mehr zu erkennen ist.

Lesen wir, was das IHL über ihn schreibt: *Hermann Gorter. Holl. Altphilologe, Lehrer, Journalist, Sozialist, Marxist, Herausgeber zweier Zeitschriften, Lyriker, Pantheist. Bekannt durch sein episches Gedicht »Mai« (1889) über Schönheit, Vergänglichkeit und Vereinigungssehnsüchte im Spiegel der holländischen Landschaft. Epos »Pan« (12.000 Verse): Ideal von Allverbundenheit durch Überwindung von Macht- und Geldgelüsten.* Wahrlich ein vielseitiger Mann.

Gemischte Häuserkreuze

Neben den kardinalen, fixierten und veränderlichen Häuserkreuzen kommen auch gemischte Häuserkreuze vor, doch diese sind relativ selten. Bei den gemischten Häuserkreuzen wird daher nur auf die Grundproblematik eingegangen, die sich aus der Kombination der beiden beteiligten Achsen ergibt.

Das Große Kreuz aus den Achsen 1/7 und 3/9. Bei der Kombination der Achsen 1/7 und 3/9 lautet das Thema Auseinandersetzung zwischen dem Ich (1. Haus) und dem Du (7. Haus) einerseits und dem praktischen Wissen bzw. dem Schüler (3. Haus) und dem höheren Wissen bzw. Lehrer (9. Haus) oder dem Inland (3. Haus) und dem Ausland (9. Haus) andererseits.

Im Alltagsleben ist diese Kombination prädestiniert für Lehrer, die in der Auseinandersetzung mit den Schülern entweder ihr Ego erhöhen (1. Haus) oder den Dienst am Nächsten lernen (7. Haus).

Das Große Kreuz auf den Achsen 2/8 und 4/10. Eine Kombination der Achsen 4/10 und 2/8 entspricht der Abnabelung vom Elternhaus (4. Haus) und der Verwirklichung der eigenen Ziele (10. Haus), eng verbunden mit der Auseinandersetzung um Besitz.

Im Alltagsleben findet man hier Menschen, die anläßlich von Erbschaften oder Scheidungen vor die traumatische Wahl gestellt werden, entweder sich selbst zu verwirklichen oder sich durch Besitz, den sie behalten oder bekommen wollen, kompromittieren zu lassen.

Dadurch daß bei einigen dieser Variationen der Endpunkt im 8. Haus liegt, sollten die Horoskopeigner *auf jeden Fall* nachlesen, was bei den fixierten Häuserkreuzen dazu geschrieben wurde.

Das Große Kreuz auf den Achsen 3/9 und 5/11. Die Kombination der Achsen 3/9 und 5/11 handelt von der Auseinandersetzung zwischen Individuum (5. Haus) und Kollektiv (11. Haus) in Bezug auf Kommunikation und Wissen bzw. Inland (3. Haus) und Ausland (9. Haus).

Im Alltagsleben findet man hier Animateure, Entertainer, Sportler und Künstler (5/11), die zwischen dem In- und Ausland (3/9) hin- und herpendeln, und schließlich nicht mehr wissen, wo sie eigentlich zuhause sind und wo sie hingehören.

Das Große Kreuz auf den Achsen 4/10 und 6/12. Bei der Kombination der Achsen 4/10 und 6/12 geht es um die Auseinandersetzung zwischen der (Familien)tradition (4. Haus) und den eigenen Zielen (10. Haus) sowie zwischen Pflichterfüllung und Arbeit (6. Haus) und dem Bedürfnis, sich zurückzuziehen und den Dingen ihren Lauf zu lassen (12. Haus), bzw. um den Gegensatz zwischen irdischer (6. Haus) und kosmischer Ordnung (12. Haus).

Im Alltagsleben findet man hier zuhause Arbeitende (4/10), Maler, Musiker, Psychologen, Philosophen und Esoteriker, die einerseits den Lebensunterhalt verdienen (6. Haus), sich andererseits aus dem Erwerbsleben zurückziehen müssen (12. Haus), um überhaupt ihrer schöpferischen Tätigkeit nachgehen zu können.

Alle anderen denkbaren gemischten Häuserkreuze, nämlich aus den Achsen 2=8+6=12, 1=7+5=11 und 4=10+5=11 kommen bei den untersuchten Horoskopen zu selten vor, um sie hier zu beschreiben. Falls der Leser ein Großes Kreuz in einem gemischten Häuserkreuz besitzt, sollte er deshalb zu den vorangegangenen Kapiteln zurückblättern, dort die ausführliche Beschreibung der jeweiligen Achsen nachlesen und die sich aus der Reihenfolge der Häuser ergebende genaue Bedeutung nach dem Baukastensystem selbst zusammenfügen.

Zusammenfassung

Die Tatsache, daß bei der vorliegenden Studie etwas mehr Menschen mit einem Kreuzhoroskop berühmt geworden sind, als daß sie damit eine schwere Krankheit bekommen haben, spricht schon dagegen, beim Großen Kreuz pauschal von einem »Fluch« zu sprechen. Auch konnte die Behauptung, daß es zu frühem Tod führe, nicht aufrecht erhalten werden. Es im Umkehrschluß zu einem »Segen« erklären zu wollen, wäre aber genau so falsch. Das Große Kreuz bleibt eine schwierige Lebensaufgabe, die, wie wir gesehen haben, selbst bei größter Ähnlichkeit zwischen den Kreuzhoroskopen durchaus unterschiedlich bewältigt werden kann.

Es stellt sich demnach die Frage, welche Faktoren sich für eine erfolgreiche Bewältigung als ausschlaggebend erwiesen haben.

In erster Linie waren das die beteiligten **Planeten**. Nur wenigen Menschen der Jahrgänge 1875 und 1931 mit einem Großen Kreuz, an dem die Planeten Saturn, Uranus und Pluto beteiligt waren, ist es gelungen, berühmt zu werden. Auch konnten wir große Unterschiede zwischen dem Jahrgang 1909 mit einem Großen Kreuz aus Saturn, Uranus und Neptun und dem Jahrgang 1910 feststellen, wo sich Jupiter dazu gesellte. Im Jahr 1875, wo das T-Quadrat schon ab Januar gegeben war, findet sich erst dann eine größere Anzahl von Menschen, die mit dem Kreuzhoroskop berühmt geworden sind, nachdem Jupiter das Große Kreuz vervollständigte (November).

Sodann spielt der Anteil der **gesellschaftlichen und kollektiven Planeten** im Großen Kreuz eine entscheidende Rolle. Ein Mensch mit drei oder vier transpersonalen Planeten im Großen Kreuz wird seine Aufmerksamkeit mehr nach außen lenken, auf das, was um ihn herum passiert, anstatt seinen Blick auf sein Inneres zu richten. Auf diese Weise wird er dazu gebracht, prägend auf seine Außenwelt einzuwirken oder das, was in der Außenwelt passiert, zum Beispiel reflektierend als Schriftsteller oder Künstler zu verarbeiten.

Ein Geborener mit einem Großen Kreuz aus zwei oder drei **persönlichen Planeten** findet bei seiner Geburt meistens eine dysfunktionale Familie vor. So kann er seine persönlichen Eigenschaften nur in ständiger Auseinandersetzung mit den anderen Familienmitgliedern entwickeln. Auf diese Weise wird diesem Individuum schon von klein an so viel Kraft entzogen, daß eine prägende Einwirkung auf die Außenwelt dabei meistens nicht stattfindet. In beiden Fällen wird der an der Quadratur beteiligte persönliche oder kollektive Planet zum wichtigsten Planeten des gesamten Horoskops (nach der Sonne und dem Mond).

Mit einer Beteiligung der **Mondknotenachse** bekommt das Große Kreuz offenbar schicksalhafte Bedeutung, was sich in Kombination mit persönlichen Planeten oftmals als schwere Krankheit niederschlägt.

Wie aus den vorangegangenen Kapiteln hervorgeht, ist die **Reihenfolge** der Planeten im Großen Kreuz mindestens genau so wichtig wie die Deutungsprinzipien der Planeten selbst. Jupiter, Pluto oder Uranus in der Mitte eines Großen Kreuzes können zum Beispiel nicht zu dem erhofften Erfolg führen, wenn Saturn am Schluß der Skriptfolge steht.

Die dynamische Qualität der Tierkreiszeichen eines Großen Kreuzes spielt offenbar eine geringere Rolle als bisher angenommen. Zwar liegt das Große Kreuz in den kardinalen Zeichen anzahlmäßig vor dem veränderlichen und dem fixierten Kreuz; die Unterschiede sind aber nicht signifikant.

Das **Häuserkreuz** und seine Belegung durch das Große Kreuz spielt für den Erfolg eine weitaus wichtigere Rolle. Hier ist das kardinale Häuserkreuz gegenüber dem veränderlichen, dem fixierten oder dem gemischten Häuserkreuz stark überrepräsentiert. Aber wie wir gesehen haben, ist auch hier die Reihenfolge der Häuser ausschlaggebend.

Die Abschätzung, ob ein Großes Kreuz letztlich erfolgreich bewältigt werden kann, hängt also nicht von einem einzigen Merkmal allein, sondern von dem **Zusammenwirken aller Faktoren** ab. Aber selbst bei einem Großen Kreuz mit den gleichen Planeten, in den gleichen Zeichen, in den gleichen Häusern und mit der gleichen Astroskriptfolge könnte der eine damit zu Erfolg kommen, während die andere damit scheitert, weil ihr aufgrund ihres Geschlechts viele Wege verschlossen bleiben. Das Geschlecht, die Rasse, das Herkunftsmilieu und auch bessere oder schlechtere Umweltbedingungen haben einen entscheidenden Einfluß darauf, ob man mit einem Großen Kreuz eher berühmt oder krank wird.

Der äußere Erfolg hängt entscheidend davon ab, ob man in seinem Leben Rollen vorfindet oder schaffen kann, in denen die Energien des Großen Kreuzes einen repräsentativen Ausdruck finden. Dies scheint mit einem Großen Kreuz in den kardinalen Zeichen und/oder in den kardinalen Häusern und/oder mit vorwiegend kollektiven Planeten am leichtesten zu erreichen sein. Hat man eine solche Rolle gefunden, bleibt es einem weitgehend erspart, die unausweichlichen Auseinandersetzungen auf der persönlichen Ebene auszutragen. Diese Rolle kann den Betroffenen aber auch stark einengen, so daß sie ihm schließlich wie ein Gefängnis erscheinen mag. Das überdurchschnittliche Vorkommen des Großen Kreuzes bei Angehörigen von Königshäusern ist ein Beleg hierfür.

Daß die fixierten Zeichen und Häuser bei den Kreuzhoroskopen von Berühmten unterrepräsentiert sind, könnte daran liegen, daß der Genuß von Freizeit (5. Haus) und die intensive Pflege von Freundschaften und gesellschaftliches Engagement (11. Haus) erst dann möglich wird, wenn die Existenz erfolgreich gesichert ist (2. Haus). Das war aber vor dem Zweiten Weltkrieg nur bei einer kleinen Oberschicht der Fall. Die meisten Menschen konnten daher in der Außenwelt keine den fixierten Zeichen und Häusern entsprechenden Rollen finden und waren folglich gezwungen, sich in ihrem Innern mit diesen Energien auseinanderzusetzen. In der heutigen Zeit verfügen aber breite Schichten der Bevölkerung über so viel Geld und Freizeit, daß auch für ein Großes Kreuz in den fixierten Zeichen und Häusern Ausdrucksmöglichkeiten in der Außenwelt zu finden sind, ohne daß die eigene Kreativität einen künstlerischen Rang erreichen müßte.

Eine weitere Möglichkeit zum erfolgreichen Umgang mit dem Großen Kreuz bietet das Schreiben, Filmemachen und die Schauspielerei. Hier kann man in seiner Phantasie immer wieder neue Rollen erfinden oder ihnen in Theater und Film Gestalt verleihen, ohne all die Dramen in der alltäglichen Realität selbst durchleben zu müssen. Dies eröffnet nicht nur die Möglichkeit, verschiedene Facetten eines Großen Kreuzes, sondern auch die sogenannten »bösen« Seiten zum Ausdruck zu bringen. Ein gutes Beispiel dafür sind die Brüder Peter und Anthony Shaffer. Der Schauspieler Mario Adorf soll angeblich einmal gesagt haben, daß das Spielen von »Bösewichtern« ihm dazu verhilft, im Alltag ein netter Mensch zu sein.

Letzten Endes stellt sich die Frage, ob ein in der Außenwelt ausgelebtes Großes Kreuz nur ein erster Schritt zu dessen Bewältigung sein kann und die innere Auseinandersetzung eher behindert. Auch eine Krankheit, die einem Horoskopeigner zu der Zeit verhilft, die für die innere Bearbeitung notwendig ist, kann ein Weg zu einer im spirituellen Sinne erfolgreichen Lösung der durch ein Großes Kreuz gestellten Aufgabe sein. In diesem Sinne könnten die nicht berühmt gewordenen Menschen mit einem Großen Kreuz sogar die Erfolgreicheren sein. Eine derartige »erfolgreiche« Bewältigung bedeutet einen enormen Kraftaufwand, so daß manche von ihnen tatsächlich »vor der Zeit« sterben.

Anhang:
Auswertung

Bei allen bisherigen Aussagen über Häufigkeiten der einzelnen Häuserkreuze wurde lediglich nach der Gesamtbesetzung der Häuser unterschieden. Da bei der Astroskriptmethode aber die Reihenfolge, in der die beteiligten Planeten von einem laufenden Planeten transitiert werden, zu berücksichtigen ist, ergeben sich weitaus mehr als diese vier Möglichkeiten. Allein beim kardinalen Häuserkreuz sind es 24 verschiedene Kombinationsmöglichkeiten:

1-4-7-10	4-1-7-10	7-1-4-10	10-1-4-7
1-4-10-7	4-1-10-7	7-1-10-4	10-1-7-4
1-7-4-10	4-7-1-10	7-4-1-10	10-4-7-1
1-7-10-4	4-7-10-1	7-4-10-1	10-4-1-7
1-10-4-7	4-10-1-7	7-10-1-4	10-7-1-4
1-10-7-4	4-10-7-1	7-10-4-1	10-7-4-1

Läßt man Varianten mit zwei nebeneinander liegenden Achsen (z.B. 1-7 2-8 oder 1-7 6-12) außer Betracht, bleiben noch die folgenden Variationen:

1-7 5-11, 1-7 3-9, 4-10 2-8, 4-10 6-12 und 5-11 3-9

und deren Kombinationen übrig. Insgesamt ergibt dies 192 verschiedene Möglichkeiten. Bei 445 Kreuzhoroskopen[54] wäre pro Variation eine Besetzung mit 2,3 Fällen zu erwarten. Jeder darüber oder darunter liegenden Besetzung ist daher Signifikanz zuzusprechen.

54 456 aus dem *Internationalen Horoskope-Lexikon,* plus 12 eigene Fälle, abzüglich 23 Fälle mit nebeneinander liegenden Achsen

Die Untersuchung nach kardinalen, fixierten, veränderlichen und gemischten Häuserkreuzen erbrachte folgende Verteilung:

kardinal	143	statistisch zu erwarten:	56
fixiert	64	statistisch zu erwarten:	56
veränderlich	90	statistisch zu erwarten:	56
Gemischt	148	statistisch zu erwarten:	276

Unter den einzelnen Gruppen nimmt **das kardinale Kreuz** in jeder Beziehung eine Ausnahmestellung ein: es war bei 155 Beispielen in den Zeichen und bei 143 Fällen in den Häusern vertreten; 56 mal stand das Große Kreuz sowohl in den kardinalen Zeichen als auch in den kardinalen Häusern.

Die kardinalen Häuser betreffen die grundlegendsten Bedürfnisse einer Persönlichkeit. Es geht um die Durchsetzung des Ichs (1. Haus) gegenüber dem Du (7. Haus) und um die Verwirklichung der ureigensten Bestimmung (10. Haus) gegenüber dem vorgefundenen und nicht veränderbaren Milieu im Elternhaus (4. Haus). Bei dieser Häuserstellung ist der Anspruch an sich selbst, an das Du und an die Realisierung der hochgesteckten Ziele oft so groß, daß dies zwar meist zu großem Erfolg, manchmal aber auch zu großem Scheitern führen kann.

Wenn ein Großes Kreuz im 1. Haus endet, ist die Erhöhung des Egos das Ziel und ein mögliches Ergebnis; endet es dagegen im 10. Haus, wird die Verwirklichung der eigenen Bestimmung anvisiert. Beginnt es dagegen im 1. Haus ist die Erhöhung des Egos die Motivation, während der Anfang im 10. Haus die Verwirklichung der eigenen Bestimmung in den Vordergrund rückt. Eine Kombination dieser beiden Häuser am Anfang und am Ende des Kreuzes mobilisiert offenbar so viele Energien, daß sich schließlich meistens der Erfolg einstellt. Offensichtlich ist es demnach günstiger, wenn die Hürde der Herkunft (4. Haus) als erstes genommen wird und die Auseinandersetzung mit Partnern (7. Haus) erst danach folgt. Steht die Auseinandersetzung mit anderen Menschen an erster Stelle, flüchtet sich der Horoskopeigner möglicherweise zu den Traditionen seiner Herkunft zurück, wodurch er sein Ziel schwerer erreichen kann.

Aber auch das kardinale Häuserkreuz kann zu schweren Krankheiten führen, zum Beispiel bei Maria (Abb. 12) mit der Kombination 4-7-1-10, der als Frau wahrscheinlich die Realisierung der eigenen Bestimmung in Form eines Berufes vorenthalten wurde, oder bei der am 18. Oktober 1909 geborenen Krebskranken mit der Kombination 7-10-4-1, bei der vermutlich die Selbstachtung untergraben wurde. In beiden Fällen stand das Große Kreuz außer in den kardinalen Häusern auch noch in den kardinalen Zeichen, so daß der Anspruch, etwas im Leben bewegen zu wollen, mindestens so groß war wie die Enttäuschung darüber, es als Frau nicht zu können oder zu dürfen.

Liegt der Anfangspunkt eines Großen Kreuzes im 1. Haus (12 Fälle) oder im 10. Haus (18 Fälle), besteht die antreibende Motivation in der Erhöhung des Egos oder der Verwirklichung der eigenen Bestimmung. Wenn nun das 4. Haus am Ende steht (30 Fälle), nutzen diese Menschen zunächst ihre Herkunftsfamilie, später ihre eigene Familie, zu diesem Zweck. Ihr Betrieb oder ein anderer Wirkungsbereich wird als erweiterte Familie betrachtet. Man gibt sich als Patron, im Extremfall sogar als Landesvater oder -mutter. So fand ich die Kombination 1-7-10-4 bei Kaiser Ferdinand I., beim Präsidenten von Ghana Kwame Nkrumah (Abb. 13) und bei Theodor W. Adorno (Abb. 48), der mit seinen Ideen für Unruhe im Land sorgte (Uranus am Ende). Bei Lothar Späth (Abb. 57), dem ehemaligen »Landesvater« von Baden-Württemberg steht die Kombination 1-10-7-4; bei Gamal Abdel Nasser 10-1-7-4 und bei Rudolf Hess 10-7-1-4.

Achtmal begann das Große Kreuz im 7. Haus und endete im 4. Haus, z.B. bei Ernst Kaltenbrunner (Abb. 41) mit 7-1-10-4 oder Isabella I. von Kastilien und George I. von England mit 7-10-1-4. Bei Angehörigen von Königsfamilien drückt diese Kombination aus, daß der Dienst an den Mitmenschen (7. Haus) an erster Stelle kommt und sich das Ego (1. Haus) und die Verwirklichung der eigenen Bestimmung (10. Haus) der ererbten Königsrolle (4. Haus) untergeordnet oder sogar geopfert werden müssen.

Bei Henri Rabaud (Abb. 60) begann *und* endete das Große Kreuz im 4. Haus und fand seinen Ausdruck in der Leitung des Konservatoriums von Paris, das ihn 20 Jahre lang nicht losließ. Auch Michel Chevreuil mit 7-1-10-4, Alphonse Bertillon mit 1-7-10-4 und Hans Bender mit 7-1-10-4 waren Leiter eines Instituts.

In den Fällen mit dem Endpunkt des Großen Kreuzes im 7. Haus

(33 mal), hatten sich die Geborenen Berufe ausgesucht, die extrem vom Beifall des Publikums abhängig sind. Bei den meisten von ihnen handelte es sich um Musiker, Sänger, Sportler, Maler oder Schriftsteller. Es gibt aber auch Sonderfälle darunter wie Prinzgemahl Albert (4-1-10-4-7), der sein Leben ganz auf seine Ehefrau Königin Victoria von England ausrichten mußte, oder den Psychiater Bernhard von Gudden (10-4-1-7), der durch den gemeinsamen Tod mit Ludwig II. von Bayern zu trauriger Berühmtheit gelangte. Auch der Mormonenführer Brigham Young (10-1-4-7), dem es gelang, 1500 Menschen für sein Vorhaben zu gewinnen, nach Westen zu ziehen und dort den Mormonenstaat Utah zu gründen, war als »Seelenfänger« ganz auf das Du ausgerichtet.

Der Eisläufer Randy Gardner, der 1979 mit seiner Partnerin Tai Babilonia Weltmeister im Paarlauf wurde, hatte ein Großes Kreuz, das mit Vesta-Uranus im Löwen im 10. Haus begann: Glanz und Gloria zu zelebrieren war seine Motivation. Es folgten Jupiter im Skorpion im 1. Haus, Chiron im Wassermann im 4. Haus und zum Schluß Mars im Stier im 7. Haus: der Mann, der nicht nur alle Kraft einsetzte, um dem Publikum zu gefallen, sondern zu diesem Zweck auch ganz extrem auf seine Partnerin einzugehen hatte und dabei im wahrsten Sinne des Wortes Schwerstarbeit wie ein Stier leisten mußte.

Bei den **fixierten Häusern** geht es um den eigenen Besitz als Existenzgrundlage (2. Haus) und dessen Verteidigung gegen die Ansprüche anderer (8. Haus). Erst im Anschluß daran hat der Mensch die Freiheit, sich selbst darzustellen und zu entfalten (5. Haus) oder sich in freier Wahl einem Kollektiv (11. Haus) und dessen Zielen unterzuordnen, wobei er sich ständig entscheiden muß, ob es das gemeinsame Ziel wert ist, einen Teil seiner eigenen Persönlichkeit gegenüber den gemeinsamen Interessen zurückzunehmen. Die Energie der fixierten Häuser kreist also um die Sicherung des Vorhandenen und um dessen Darstellung und Genuß in der Freizeit.

Das Große Kreuz in den fixierten Häusern hält sich mit 64 Beispielen etwa im Rahmen des zu Erwartenden, fällt aber gegenüber den veränderlichen (90 mal) und kardinalen Häusern (143 mal) deutlich ab. Die Häuser 5 und 11 auszudrücken und zu zeigen, was man hat (2. Haus), ist ja nicht besonders schwer. Aber bei den fixierten Häuserkreuzen ist immer auch das 8. Haus mit von der Partie und dann wird aus dem Spiel schnell Ernst.

Endet das Große Kreuz im 5. Haus (20 mal), dann geschieht dies meistens auf einer Bühne: mit der Kombination 2-11-8-5 fand ich den Schauspieler Fritz Tillmann, den Jazz-Pianisten Art Tatum (Abb. 15), den Sänger und Schauspieler Leif Garrett, aber auch den Radrennfahrer Dieter Thurau. Mit der Kombination 5-8-2-11-5 stand Charles von Belgien (Abb. 42) als Sohn eines Königs sein ganzes Leben auf einer »politischen Bühne«, ähnlich wie Irene von Holland mit 8-11-2-5. Die Kombination 11-2-8-5 fand ich bei dem Sänger Kris Kristoffersen oder der Sängerin und Schauspielerin Julie London (Abb. 27). Auch der vermeintliche Mörder Jacques Marie (Abb. 18) hatte das 5. Haus am Ende seines Astroskripts. Es gab drei Schriftsteller, einen Architekten, eine Astrologin und einen Chirurgen, bei denen sich das 5. Haus durch eine kreative Tätigkeit ausdrückte. Ferner zwei Wirtschaftsführer und Millionäre, von denen der eine, John Pierpont Morgan Jr. (8-2-11-5), mit Mars in der Waage am Ende vermutlich sein Vermögen zu genießen wußte. Bei dem anderen, Charles Nelson Goodyear (2-11-8-6) stand Saturn gerade an der Spitze des 6. Hauses und hat sich vermutlich durch harte Arbeit ausgedrückt. Nicht zu vergessen die »Kameliendame« Madame Duplessis (11-5-2-8-5), die Uranus am Ende des 5. Hauses als Kurtisane zum Ausdruck brachte.

Beginnt oder endet das Große Kreuz im 11. Haus, gibt es verschiedene Möglichkeiten. Zum Beispiel sucht oder findet dieser Mensch Kameraden und Freunde wie etwa der Rennfahrer Alan Prost (8-2-5-11). Es kann auch darum gehen, seine eigene Individualität zu beweisen wie im Fall von John McEnroe (5-2-8-11) mit Pluto am Ende. Manfred von Richthofen (Abb.51) (5-2-8-11) fand mit dem rückläufigen Uranus im Skorpion am Ende sowohl Kameradschaft als auch die Möglichkeit, sich als Individuum zu beweisen und etwas ganz Neues zu tun, nämlich zu fliegen (Uranus) und dabei über die eigenen Grenzen hinauszugehen.

Oder der Geborene setzt seine Ideen als Künstler in die Tat um, wie zum Beispiel Vaclav Havel (2-8-5-11), der mit Jupiter im Schützen am Ende und dem genauesten Großen Kreuz überhaupt (Anfangspunkt auf 17°24', Endpunkt auf 18°55'), nach einem jahrelangen erbitterten Kampf zum ersten Präsidenten der neuen demokratischen Tschechoslowakei wurde, was ebenfalls eine Entsprechung des 11. Hauses darstellt. Auch Gurus kommen mit dem 11. Haus am Ende vor, so etwa die Rosenkreuzerin Augusta Foss Heindel mit 5-2-8-11, der Theosoph Jinarajadasa mit 2-5-8-11 oder der Schriftsteller und Okkultist William Butler Yeats mit 8-2-5-11.

Beginnt das Große Kreuz nun aber im 2. Haus (19 mal), so kann man nicht verallgemeinernd unterstellen, daß die Motivation ausschließlich im Erwerb wirtschaftlicher Güter liegt. Oftmals ging es sogar darum, die materielle Ebene zu überwinden (Jinarajadasa, Charubel). Meistens handelte es sich um körperliche oder geistige Talente als Ausgangsbasis allen Tuns.

Befindet sich dagegen der Endpunkt des Großen Kreuzes im 2. Haus (14 mal), kommt es vielfach zur Umsetzung neuer Ideen auf der materiellen Basis, also zur Realisierung von Erfindungen wie bei dem Chemiker Jean Chaptal, dem Physiologen Otto Frank (beide 8-5-11-2) oder dem Nobelpreisträger Donald Arthur Glaser (Abb. 26) (8-11-5-2), der eine Blasenkammer zum Nachweis von Elementarteilchen und Atomkernen entwickelte. Es fanden sich auch Maler unter ihnen und Schriftsteller, die eine besondere Gabe der Landschaftsbeschreibung besaßen, oder der Filmregisseur David Griffith (5-11-8-2), der völlig neue Maßstäbe in der Aufnahmetechnik entwickelte. Bei Theun de Vries (Abb. 54) (10-8-5-2) und dem französischen Politiker Maurice Faure (11-5-8-2) ging es um das Beharren auf Grundwerten, die sie für sich als richtig erkannt hatten. Beide gerieten in die Auseinandersetzungen mit den Nazis: Faure arbeitete in der Résistance und de Vries kam ins KZ.

Es versteht sich von selbst, daß ein Großes Kreuz, mit dem Endpunkt im 8. Haus (14 Fälle), ernste Konsequenzen haben wird. Bei Habib Bourguiba (Abb. 36) begann das Große Kreuz (11-5-2-8) mit Pluto im 11. Haus, also dem Anspruch, innerhalb eines Kollektivs die Macht haben zu wollen und endet mit dem rückläufigen Jupiter im 8. Haus, was in diesem Fall bedeutete, daß er auch tatsächlich an die Macht kam. Bei Bernhard (Abb. 39), bei dem die gleichen Planeten und die gleichen Häuser (5-11-2-8) beteiligt waren, nur in anderer Reihenfolge, endete das Große Kreuz mit Jupiter im 2. Haus, Opposition Venus im 8. Haus, was sich darin ausdrückte, daß nach seinem Tod in russischer Gefangenschaft sein Besitz auf seine Frau überging. Für James A. Garfield (11-2-5-8) endete das Große Kreuz zunächst mit dem Amt des amerikanischen Präsidenten, später mit einem gewaltsamen Tod durch ein Attentat. Die Ausdruckstänzerin Isadora Duncan (5-11-2-8) wollte mit Mond im Skorpion im 8. Haus am Endpunkt den Tanz der griechischen Antike wieder auferstehen lassen. Auch sie erlitt einen gewaltsamen Tod bei einem Autounfall.

Andere mit dem 8. Haus als Abschluß des Astroskripts versuchten ihre Grenzen zu erfahren und diese vielleicht auch zu erweitern, sei es als Radrennfahrer, als Opernsänger oder wie Jack Fertig (2-11-5-8), der als Bürgerrechtler des »Gay Movements« in San Francisco einen schwulen »Nonnen-Orden« gründete. Während es der Filmregisseur Alberto Lattuada (2-5-11-8) noch bei gelegentlichen Gesellschaftssatiren und Sexfilmen beließ, machte der amerikanische Schriftsteller Michael McClure (11-2-5-8) vor keinem Tabu halt: er verweigerte sich als Hippie der bürgerlichen Gesellschaft und griff den kriegslüsternen Staat an. Er schrieb Gedichte, Dramen und Romane, in denen es um die Suche nach transzendenter Liebeserfahrung geht, wobei er provokante und obszöne erotische Stilelemente verwendete. Die höchste Form für die Kombination 2-5-11-8 fand Charubel als Astrologe, Okkultist, Hellseher, Geistheiler und Gründer eines okkulten Ordens. Seltsamerweise fand ich beim Großen Kreuz in den fixierten Häusern nur einen Krebskranken (Robert, Abb. 28) mit der Kombination 8-5-2-11.

Bei dem Großen Kreuz in den **veränderlichen Häusern** steht das Lernen dessen im Mittelpunkt, was zur Bewältigung des Alltags notwendig ist (3. Haus), andererseits auch die Aufforderung, sich von dieser Grundlage aus auf die Suche nach dem Sinn zu begeben, der hinter allen Erscheinungen steht (9. Haus). Dazu kommt die Dienstbarmachung des Erlernten im praktischen Alltag (6. Haus), um dadurch letztlich das Ego aufzulösen und sich in Liebe mit dem All-Einen zu verbinden (12. Haus). Wird ein Mensch jedoch durch den Dienst ständig überfordert, ist er nicht in der Lage, sein Ego aktiv durch Liebesdienste zu überwinden, dann erfährt er die Auflösung seines Egos passiv als Patient. Aus diesem Grunde stand ein Großes Kreuz in den veränderlichen Häusern bei den Astrologen, die nicht mit der Astroskriptmethode arbeiten, in einem schlechten Ruf. Aber auch hier kommt es auf die Skriptfolge an.

In 31 Fällen endete das Große Kreuz mit dem 9. Haus, davon bei fünf Beispielen schon in Konjunktion mit dem MC, weitere dreimal direkt mit dem MC. Das 9. Haus am Endpunkt wirkt offenbar ähnlich, wie wenn Jupiter am Ende der Auslösungsdynamik steht. Der Erfolg läßt dann so manches verschmerzen, was bei anderer Reihenfolge krank machen würde. Unter den Erfolgreichen fand ich sechs Schriftsteller (u. a. Rainer Maria Rilke, James Gould Cozzens und Carlo Fruttero), drei Regisseure (z.B. Elia Kazan), einen Theaterkritiker; fünf SchauspielerInnen; vier Wissenschaftler; ferner vier Sportler, vier Politiker und einen General. In neun Fällen endete das Große Kreuz mit Pluto und fünfmal mit Uranus.

Einen Ausnahmefall mit Mond im 9. Haus am Ende der Auslösungsdynamik stellt das Große Kreuz der Schauspielerin Mia Farrow dar. Es beginnt mit Chiron in der Waage an der Spitze des 6. Hauses, Quadrat rückläufiger Saturn im Krebs an der Spitze des 3. Hauses und geht über Venus im Widder im 12. Haus und Neptun in der Waage im 6. Haus zu Mond im Steinbock im 9. Haus. So stand sie, während dieses Buch verfaßt wurde, in ihrer Eigenschaft als Mutter von elf (eigenen und adoptierten) Kindern wegen der Streitigkeiten mit Woody Allen um das Sorgerecht für drei ihrer Kinder im Blickpunkt der Öffentlichkeit.

Das im 9. Haus endende Große Kreuz begann 13 mal mit dem 6. Haus; dreimal mit Mars und dreimal mit Saturn, was sich wahrscheinlich in großer Arbeitsbereitschaft äußerte. Zweimal stand Uranus am Anfang und in beiden Fällen handelte es sich um Regisseure (Elia Kazan und Paolo Taviani), die sich einen Beruf wählten, in dem sie Uranus in Kreativität umsetzen konnten. Das Große Kreuz mit dem Anfang im 9. Haus kam bei 20 Beispielen vor. Man kann daraus den Schluß ziehen, daß das 9. Haus sowohl am Anfang als auch am Ende des Großen Kreuzes quer durch alle Berufsgruppen zum Erfolg führt.

Ein Großes Kreuz mit dem 3. Haus am Endpunkt kam dagegen nur siebenmal vor, wovon zwei Fälle schon dem IC zuzurechnen waren; das heißt, daß aus diesen Beispielen keine allgemeingültigen Schlußfolgerungen gezogen werden können.

Bei den insgesamt 16 Fällen, die mit dem 6. Haus endeten, fanden sich vier Schriftsteller, zwei Musiker, ein Maler, ein Radrennfahrer, ein Astrologe sowie Gary Hart, der glücklose Präsidentschaftskandidat der USA von 1988.

In drei Fällen führte das 6. Haus am Ende zu sozialem Engagement: zum Beispiel bei dem Multimillionär Kalouste Gulbenkian mit Pluto im 9. Haus am Anfang und Merkur am Ende, der seine Sammlung islamischer, ostasiatischer und europäischer Kunst einer Stiftung hinterließ. Oder bei dem römischen Kaiser Vespasian mit Mars im 9. Haus am Anfang und Chiron am Ende, der eine Heeresreform vornahm und eine Versorgung für Veteranen einführte. Oder Pater Pire mit Jupiter im 3. Haus am Anfang und Uranus-Merkur am Ende, der Altersheime, Stätten für Behinderte und heimatlose Ausländer sowie die »Europadörfer« gründete.

In 6 Fällen begann das Große Kreuz im 12. und endete im 6. Haus, wobei zwei Horoskope fast identische Planetenkonstellationen aufweisen: Venus/Merkur am Anfang, Quadrat Saturn (9. Haus), Quadrat Jupiter (3. Haus), Quadrat Chiron (6. Haus). Es handelt sich um den Sieger der Tour de France 1935, Roman Maes (10. August 1912) und den Schriftsteller Guido Morselli (15. August 1912), der am 31. Juli 1973 durch Selbstmord starb.[55]

Bei John Coltrane (Abb. 24) begann das Große Kreuz mit Jupiter im 12. Haus und endete mit Neptun im 6. Haus. Er starb nach einem überaus erfolgreichen Leben an Leberkrebs. Auch Wilhelm (Abb. 19) mit Neptun im 12. Haus am Anfang und Jupiter im 6. Haus am Ende bekam Krebs, während Frieda (Abb. 35) mit Venus im 12. Haus am Anfang und Jupiter im 6. Haus am Ende an Multipler Sklerose erkrankte. Die Betroffenen waren wahrscheinlich der Arbeitsintensität und Hektik am Arbeitsplatz nicht gewachsen. Ihre Motivation kam ja aus dem 12. Haus des Rückzugs. Während Jupiter am Endpunkt eines Großen Kreuzes normalerweise erfolgversprechend ist, findet man bei Jupiter im 6. Haus oftmals Menschen, die ihre Erfüllung im Arztberuf sehen, aber nicht die Möglichkeit hatten, selbst Arzt zu werden. Als Alternative wählen sie

---

55 Die nur wenige Tage später, am 18. August 1912 geborene italienische Schriftstellerin Elsa Morante mit Merkur im 9. Haus am Anfang, Quadrat Saturn im 6. Haus, Opposition Jupiter im 12. Haus, Quadrat Venus im 9. Haus, Opposition Chiron im 3. Haus, unternahm am 7. April 1983 ebenfalls einen Selbstmordversuch, den sie allerdings überlebte.

dann möglicherweise einen Pflegeberuf. Aber Jupiter liegt das Dienen nicht und außerdem bleibt einem pflegerischen Beruf sowohl der Lohn als auch das Ansehen versagt, das man als Arzt haben würde, und so fühlen sich viele dann überfordert und werden stattdessen Dauerpatient.

Dem Schriftsteller Richard David Bach mit Neptun im 12. Haus, Quadrat Jupiter im 3. Haus, Opposition Chiron im 9. Haus, Quadrat Saturn im 6. Haus gelang es, sich über all diese Probleme durch Bücher über das Fliegen zu erheben. Er bescherte uns das wunderschöne Buch von der *Möwe Jonathan*. Wahrscheinlich kam hier das 9. Haus im Luftzeichen Zwillinge stärker zum Tragen, weil sich vor Chiron noch Vesta und Merkur und hinter Chiron noch Mars, Venus und Sonne befanden, die beiden letzten aber schon im Krebs weilten.

Bei dem 6. Haus am Ende des Astroskripts finden wir also harte Arbeit und soziales Engagement ebenso wie schwere chronische Krankheiten. Wahrscheinlich steht in den meisten Fällen harte Arbeit am Anfang, die zusammen mit den Spannungen des Großen Kreuzes den betroffenen Menschen langsam aushöhlt und auf die Dauer zu schweren Krankheiten führt.

Bei 27 der untersuchten Horoskope endete das Große Kreuz im 12. Haus, davon neunmal direkt mit dem Aszendenten und zweimal in Konjunktion mit ihm. Die Kombination 3-6-9-12 trat mit der größten Häufigkeit auf. Wieder sind die verschiedensten Berufe vertreten. Achtmal begann das Große Kreuz im 9. Haus und endete im 12. Haus, wie bei dem krebskranken Willi (Abb. 29). Tancredo Neves wurde krank und starb, bevor er als gewählter Präsident Brasiliens sein Amt antreten konnte. Jean Aurenche (Abb. 49) blieb Zeit seines Lebens im Schatten von Autant-Lara. Dagegen wußte Jürgen Roland seinen Neptun am Endpunkt durch die Geheimnisse seiner Fernsehkrimis zum Ausdruck zu bringen. Bei dieser Kombination steht das Streben nach Ansehen und Ruhm am Anfang, was aber mit dem Endpunkt im 12. Haus nicht immer zum gewünschten Erfolg führt, und dann wiederum Krankheit verursachende Wirkungen haben kann.

Den Endpunkt im 12. Haus finden wir auch bei dem Nobelpreisträger Otto Loewi (9-3-6-12), der das Prinzip der chemo-elektrischen Übertragung von Nervenimpulsen entdeckte, beim »Vater«

der modernen Biochemie Charles Adolphe Wurtz (9-6-3-12), bei dem Gehirnforscher Pierre Paul Broca (3-6-9-12), der als erster das Sprachzentrum im Gehirn lokalisierte, sowie bei dem Bakteriologen Albert Calmette, der zusammen mit dem Serologen Camille Guerin die Impfung gegen Tuberkulose und verschiedene Schlangengiftseren entwickelte.

Erwartungsgemäß waren bei den **gemischten Häuserkreuzen** diejenigen, an denen Eckhäuser beteiligt waren, stärker vertreten. Im Übrigen hielten sie sich im Rahmen des zu Erwartenden oder blieben darunter. Lediglich die Kombinationen 7-9-1-3 und 10-4-8-2 waren mit fünf Fallbeispielen stärker vertreten. Esoteriker aller Couleur scheinen die Achsen 1-7 3-9 zu bevorzugen. »Die Mutter« Mira Richard, die mit Sri Aurobindo die Hindu-Sekte des »Integralen Yoga« leitete, hat ihr Großes Kreuz in den Häusern 1-3-7-1-10. Weitere Beispiele: Jim Jones (7-3-1-10), der Führer der Sekte »People's Temple«, welcher 1978 durch Gift 913 Sektenmitglieder in den Tod führte. Die Okkultistin und Hexe Sybil Leek mit der Kombination 1-9-3-7, also dem 7. Haus am Ende, gründete das okkulte Restaurant »Sybil Leek's Kessel«. Der Esoteriker Werner Erhard weist die Kombination 11-5-7-1 auf. Drei Philosophen haben die folgenden Kombinationen: Maurice Merleau-Ponty (7-1-9-3), Jean Gebser (7-9-1-3) und Jacques Maritain (9-3-7-1).

Auch Tänzer mit Kreuzhoroskopen scheinen gemischte Häuserkreuze zu bevorzugen. So etwa Ginger Rodgers (9-11-5-3), Margaret Morris (11-3-5-9), Robert Louis Fosse (9-3-1-7), Tania Bari (8-10-2-4), Vaclav Nijinsky (10-4-8-2) oder die Kessler-Zwillinge (5-4-10-11).

Standardwerke der Astrologie aus dem Chiron Verlag

Lianella Livaldi Laun
Lilith, die Begegnung mit dem Schmerz
Die Astrologie des Schwarzen Mondes

Beth Koch
Die Astrologie der Träume

Steve Cozzi
Die Astrologie des Standortes
und ihre Bedeutung im Geburtshoroskop

Demetra George
Das Buch der Asteroiden
Mythologie, Psychologie,
Astrologie und neue Weiblichkeit

Dane Rudhyar
Astrologie und Psyche
Das Selbst im Spiegel des Kosmos

Zane B. Stein
Wendepunkt Chiron
Essenz und Anwendung

Eve S. Gregory
Chiron Ephemeride 1900 - 2000

Hans-Jörg Walter
Der Planet Chiron
Die Polarität Heil und Unheil